야구선수 임찬규

일러두기

『야구선수 임찬규』는 15년 가까이 선수와 기자 그리고 그 이상의 관계로 긴 시간 소통해온 임찬규, 윤세호, 두 저자의 대화, 인터뷰, 메시지 등을 글로 옮겨 한 권의 책으로 구성한 것입니다. 저자들이 주고 받은 말과 글의 자연스러운 맛을 살리기 위해 일부 비표준어 표현도 그대로 유지하였음을 밝힙니다.

야구선수 임찬규
낭만투수_에이스_성장기

Chapter 1
2011년 4월 17일 잠실 _6

Chapter 2
유망주이자 구세주 _26

Chapter 3
SOPHOMORE AND MORE JINX _50

Chapter 4
군입대 후 터진 팔꿈치 _74

야구선수 임찬규

Chapter 5
선발 투수 _90

Chapter 6
마음만은 빅 게임 피쳐 _118

Chapter 7
아버지 _148

Chapter 8
벼랑 끝에서 찾은 해답 _172

Chapter 9
YOU ARE THE NO.1 AND THE ONLY ONE _200

2011년
4월 17일
잠실

야구
선수
**임
찬규**

8

    2011시즌 초반 LG와 롯데의 잠실구장 경기. 9회초 1-4로 끌려가던 LG는 롯데 클린업 트리오에 맞서 신인 투수를 마운드에 올렸다. 앳된 얼굴에 깡마른 체구. 누가 봐도 이제 막 고등학교를 졸업한 어린 선수 임찬규가 2만 7,000명 만원 관중의 시선을 한 몸에 받으며 등판했다.
    모험은 아니었다. 임찬규는 앞선 4경기에서 단 하나의 안타도 허용하지 않았다. 4월 17일 롯데전 이전까지 4경기 4.2이닝 0안타 무실점. 완벽하게 출발선을 통과했다.
    과정은 기록 이상이었다. 임찬규는 2011시즌 개막전인 4월 2일. 두산과의 잠실 더비에서 프로 무대 첫 타자로 김동주와 마주했다. 고졸 신인 투수의 프로 무대 첫 상대 타자가 국가대표 4번이었던 것이다.
    주저함은 없었다. 초구 커브로 스트라이크 카운트를 선점한 임찬규는 2구 패스트볼로 빠르게 두 번째 스트라이크를 올렸다. 3구도 패스트볼를 던져 투수 땅볼. 투수-2루수-1루수로 이어지는 1-4-3 더블플레이로 자신의 프로 무대 첫 번째 아웃카운트를 만들었다. 다음 타자 김재환을 유격수 플라이로 돌려세운 임찬규는 그야말로 강렬한 첫 인상을 남겼다.
    그래서 롯데 클린업과 승부도 흥미로웠다. 2010시즌 7관왕(타율, 홈런, 타점, 득점, 안타, 출루율, 장타율)을 차지한 리그 최고의 타자 이대호와 승부가 특히 그랬다. 3번 타자 조성환을 2루 땅볼로 돌려세운 임찬규는 앞선 타석에서 안타 3개를 터뜨린 이대호와 마주했다.
    초구부터 패스트볼로 스트라이크. 2구와 3구도 패스트볼이었는데 스트라이크존에서 벗어난 볼이었다. 임찬규에게는 위기, 이대호에게는 찬스인 볼카운트 2볼-1스트라이크.
    여기서 꾸준히 회자될 명장면이 나왔다. 왼발을 천천히 들며 와인드업 동작에 변화를 준 임찬규는 이번에도 패스트볼로 이대호에게 도전했다. 이대호도 도전에 응하듯 강하게 배트를 돌렸지만 헛스윙. 이대호

야구
선수
**임
찬규**

10

Chapter 1
2011년 4월 17일
잠실

는 신인 임찬규의 과감함에 멋쩍은 미소를 보였다. 그리고 다음 공인 5구 패스트볼에 내야 땅볼로 물러났다. 최고 타자 이대호를 상대로 던진 공 다섯 개가 모두 패스트볼. 임찬규가 어떤 투수인지 전국 야구팬들에게 각인시킨 순간이었다.

다음 타자 홍성흔은 5구 패스트볼로 헛스윙 삼진. 9회초 임찬규의 삼자범퇴에 1루 관중석에서는 승리한 듯 뜨거운 함성이 터져 나왔다. LG 팬들의 함성에는 유망주 무덤과의 이별. 더불어 지긋지긋한 암흑기를 끊고자 하는 염원이 가득했다.

임찬규는 이에 응답하듯 쾌속 질주했다. 그는 4월 20일 문학 SK전까지 안타 없이 무실점 행진을 이어갔다. 4월 23일 잠실 KIA전에서 처음으로 안타를 허용하고 실점도 했지만 전혀 기죽지 않았다. 데뷔 7경기 연속 무피안타 행진이 끊긴 임찬규는 "메이저리거 출신 최희섭 선배님께 첫 안타를 맞아 영광"이라며 웃었다.

연일 호투로 위치도 달라졌다. 시즌 시작점에서는 팀이 지고 있을 때 등판하는 '추격조' 혹은 '패전 처리조'였다. 4월 말부터는 접전 상황이나 팀이 리드할 때 마운드에 섰다.

5월 6일 대구 삼성전에서 롱릴리프 임무를 맡아 4이닝 1실점(비자책)으로 프로 첫 승을 올렸다. 나흘 뒤인 10일 잠실 한화전에서는 3.2이닝 1실점으로 두 번째 승리를 챙겼다.

안타 혹은 홈런을 맞아도 당당했다. 실점해도 금방 아쉬움을 지우고 전력투구로 다음 타자를 잡았다. LG 타선도 응답했다. 임찬규가 거침없이 던지는 것처럼, LG 타자들도 시원하게 배트를 돌리며 상대 마운드를 공략했다.

임찬규의 첫 2승 모두 역전승에서 나왔다. 임찬규가 2승째를 올린 시점에서 LG 시즌 전적은 16승 12패. 희망 가득한 개막 첫 한 달을 보낸 LG 트윈스였다. 임찬규의 이름 석자 앞에 '당찬규', '복덩이' 등의 수식어

야구
선수
**임
찬규**

가 자연스레 붙었다.

　약 6개월 전 선택이 적중했다. 2010년 8월 16일, 2011 신인 드래프트 1라운드에서 LG는 임찬규를 지명했다. 팀의 미래를 결정하는 전체 2순위 지명권의 주인공이 바로 휘문고 3학년 오른손 투수 임찬규였다.

　당해 드래프트에서 임찬규보다 높은 평가를 받은 고교 투수는 많지 않았다. 전체 1순위로 한화 유니폼을 입은 광주일고 좌투수 유창식, 미국행을 두고 고민했던 덕수고 우투수 한승혁, 노히트노런을 달성한 충암고 최현진 등이 임찬규와 함께 1라운드 지명이 유력한 선수로 꼽혔다.

　마냥 쉬운 선택은 아니었다. LG 정성주 스카우트 책임은 2010년을 돌아보며 "임찬규를 지명 우선 순위로 뒀다. 다만 일찍 결정된 것은 아니었다. 임찬규와 더불어 최현진, 제물포고 좌투수 이현호도 함께 봤다. 최현진이 황금사자기에서 노히트노런을 했을 때는 구단 내부적으로 최현진을 지명해야 한다는 목소리도 많았다"라고 밝혔다.

　이어 그는 "그래도 나는 끝까지 임찬규를 밀었다. 찬규를 2학년부터 주목해서 봤는데 불과 몇 달 사이에 기량이 확 늘었다. 2학년 때는 키가 좀 작았다. 작아도 공 때리는 모습이 참 좋았다. 3학년으로 올라가면서 키도 많이 크고 몸에 스피드와 힘도 잘 붙더라. 2학년 때는 140km/h 초반이었는데 3학년에는 147km/h까지 나왔다"고 회상했다.

　기량 외적인 면도 빼놓지 않았다. 정성주 스카우트는 "근성이 있었다. 2학년 때도 키는 작았지만 승부욕이 보였다. 형들 사이에서도 파이팅이 넘치더라. 그때부터 3학년 올라가면 가장 주목해야 할 선수로 봤다"면서 "경기할 때는 여유까지 보였다. 야구를 즐기는 느낌이 들었다고 해야 하나. 변화구도 좋았다. 고등학생이 빠른 커브, 슬로우 커브를 나눠 던졌다. 야구 센스가 뛰어난 선수라고 보고했던 기억이 난다"라며 2011 신인 드래프트를 앞두고 작성한 임찬규 스카우팅 리포트를

Chapter 1
2011년 4월 17일
잠실

털어 놓았다.

임찬규가 본격적으로 야구계와 언론의 주목을 받은 시점은 대통령배 결승전이 열린 2010년 5월 5일이었다. 이날 임찬규는 5회 마운드에 올라 연장 13회까지 8.1이닝을 소화했다. 완투에 가까운 긴 이닝을 책임지면서 삼진 10개 무실점으로 팀의 6-4 승리를 이끌었다. 하루 전에 열린 준결승전에도 완봉승을 거둔 임찬규는 대통령배 MVP로 선정됐다. 우승기를 번쩍 들고 전국구 유망주로 올라선 임찬규였다.

운명을 바꾼 만남으로 급성장을 이뤘다. 박만채 휘문중학교 감독은 과거 휘문고 투수 코치로서 임찬규와 많은 시간을 보냈다. 고등학교 2학년까지 전국구 유망주와는 거리가 멀었던 임찬규에게 열과 성을 다한 지도자가 박 감독이다.

박 감독은 "찬규가 고등학교 2학년때 나와 약속을 한 게 있었다. 당시 추계리그 기간이었는데 팔꿈치가 좋지 않았다. 그래도 찬규는 나가고 싶어하더라. 3학년을 앞두고 있었으니까 잘하는 모습을 보여주고 싶었을 것"이라며 "찬규의 마음을 이해하면서도 설득을 했다. 그때 찬규에게 '팔꿈치가 더 안 좋아질 수 있으니 한 타임만 쉬어가자. 대신 내년에 네가 우리 팀에서 가장 잘 던지는 투수가 될 수 있게 도와주겠다'고 했던 게 기억난다"라고 밝혔다.

약속은 맹훈련, 강훈련으로 이어졌다.

추계 리그가 끝나고는 아예 학교에서 먹고 자면서 훈련했다. 2009년 11월부터 2010년 1월까지 훈련하고 이후 전지훈련도 갔으니까 대략 4개월 동안 정말 열심히 했다. 팔꿈치도 좋아졌고 키는 무슨 매일같이 크는 느낌으로 컸다. 원래 운동 능력이 좋은 선수라고 생각했는데 정말 빠르게 늘더라.

야구
선수
**임
찬규**

무엇보다 놀란 건 훈련에 임하는 자세였다. 훈련할 때 힘들다고 농땡이 치고 그런 게 전혀 없었다. 찬규 본인의 의지가 정말 강했다. 짧은 시간에 책임감이 생겼다고 해야 할까. 고등학생 선수가 그런 마음가짐을 갖는 게 쉬운 일이 아닌데. 이전과는 다른 자세로 훈련하는 게 뚜렷하게 보였다.

임찬규에게 2009년 겨울은 추운 날씨와 더불어 냉혹한 현실과 마주하게 한 시기였다. "당시 아버지 사업이 잘 안 됐다. 안 그래도 야구하면서 부모님께 부담을 많이 드렸다. 집이 힘들어지면서 내가 야구로 성공해야만 한다는 생각이 번쩍 들더라. 그 시기에 박만채 코치님께서 지극정성으로 도와주셨다. 코치님이 아니었으면 프로에 가지 못했을 것이다. 당시 코치님이셨고 지금은 감독님이시다. 감독님은 내 평생의 은인"이라고 고마움을 전했다.

박 감독은 "찬규가 2010년 2월 정도부터 공도 많이 빨라지고 투구 밸런스도 잘 잡혔다. 황금사자기부터는 상위 라운드, 대통령배가 끝나고는 최상위 라운드에 지명될 것으로 봤다"며 "원래 제구는 좋았다. 스피드가 안 나오는 게 아쉬웠는데 스피드도 빠르게 올랐다. 2월까지만 해도 137~138km/h가 최고 구속이었다. 3학년 대통령배 시점에서 148~149km/h까지 나왔다. 키가 쑥쑥 크면서 스피드도 오르는 것을 보고 '이제 됐다' 싶었다"라고 돌아봤다.

프로 모든 구단이 이제 막 임찬규를 주목하기 시작할 때 LG는 이미 임찬규에 대한 방대한 자료를 보유하고 있었다. 정성주 스카우트 책임은 "당시 찬규 상황을 어느 정도 알고 있었다. 그래서 찬규와 마주할 때마다 '나는 네 팬이다. 늘 자신감 넘치는 모습이 참 보기 좋다. 당당하고 파이팅하는 자세를 잃지 마라. 네가 집을 다시 일으킬 수 있다'고 말했던 기억이 난다"라며 "찬규 때문에 휘문고에 정말 많이 갔다. 아마 찬규

야구
선수
**임
찬규**

16

Chapter 1
2011년 4월 17일
잠실

17

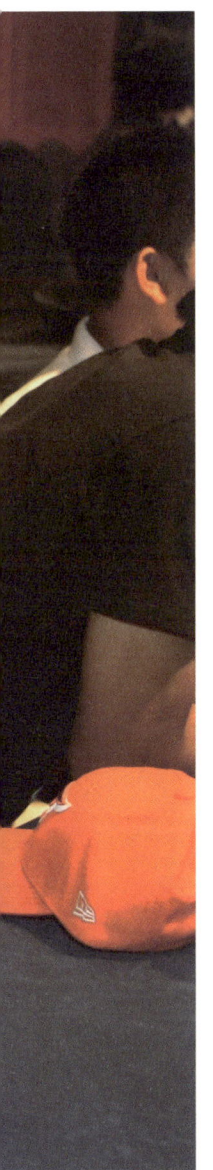

도 LG에서 관심이 크다는 정도는 알고 있지 않았을까 싶다"고 웃었다.

임찬규에게도 LG는 운명 같은 만남이었다. 유년시절 야구팬인 아버지와 함께 간 잠실구장에서 처음 접한 팀도 LG였다. 당시 임찬규는 LG 외야수 이병규의 플레이에 완전히 빠졌다. "저 선수는 방망이를 휘두르면 안타다. 투수가 무슨 공을 던지든 안타로 만든다"는 아버지의 말에 이병규 같은 야구 선수를 꿈꾸기 시작했다.

임찬규는 고3이었던 2010년을 다음과 같이 기억하고 있다. "감사하게도 LG 스카우트님이 가장 먼저 관심을 보여주셨다. 2학년에서 3학년 올라가는 시점이었던 것 같다. 직접적으로 '우리가 너를 뽑겠다'는 말씀은 안 하셨으나 '늘 몸 관리 잘하고 열심히 해라'고 격려해주셨다. 자주 오셔서 좋은 말씀을 해주시니까 '진짜 뭔가 있으려나?'라며 나도 모르게 기대했다"라고 돌아봤다.

부쩍 키가 큰 것을 두고는 "키가 한 번에 크곤 했다. 초등학교 때는 반에서 거의 제일 작은 편이었다. 늘 다섯 번째로 작은 편에 들어가곤 했다. 이후 크긴 했지만 제일 큰 편은 아니었다. 고등학교 들어갈 때도 174cm 정도였다. 중학교와 고등학교 1학년까지 3루수와 포수를 주로 했다. 공이 빠르지는 않아도 공을 뿌리는 데에는 재능이 있었던 것 같다. 3루수와 포수로서 송구는 자신이 있었다. 이따금씩 투수로 나서기도 했고 유격수로 나간 적도 있다"면서 "그러다가 고2부터 갑자기 컸다. 고3 올라가니까 10cm가 컸더라. 키가 크고 힘이 붙으면서 구속이 올랐고 자연스럽게 투수에 전념했다"라고 밝혔다.

이어 그는 "3학년 올라간 후에 여러 팀에서 관심을 주셨다. 대통령배가 끝나고 청소년 대표팀에 가기 전에는 미국에서도 얘기가 있었다. 메이저리그 팀에서 접촉해왔을 때 '생각해보겠다'고 말했다. 그런데 사실 가고 싶은 생각은 없었다. 그 길이 얼마나 힘든지 잘 알고 있었다"라며 "대표팀 가고 호주전에서 역전 홈런 맞으니까 미국 얘기는 싹 사라지더

라. 어차피 국내를 생각했기 때문에 아쉽지는 않았다"고 미소 지었다.
 그렇게 꿈꾸던 LG의 핀스트라이프 유니폼을 입었다. 임찬규는 "중학교 때부터 목표가 LG 트윈스에 입단하는 것이었다. 그래서 늘 기도했다. 아침에 학교 가기 전에, 밤에 학교 끝나고 늘 LG 트윈스에 입단하게 해달라고 속으로 외쳤다. 쉬운 일이 아니지 않나. 야구를 너무 잘해도, 너무 못해도 안 되는 일이다. 신기하게도 딱 두 번째로 잘한다는 평가를 받은 셈이다. 정말 너무 기뻤다"며 2011 신인 드래프트 전체 2순위로 LG 지명을 받은 순간을 돌아봤다.
 이후는 탄탄대로였다. 계약금 3억원을 받고 마주한 프로 첫해. 입단 동기 대다수는 2군에 있었다. 임찬규는 2010년 10월 마무리 캠프부터 2011년 스프링캠프까지 빠지지 않고 1군 일정을 소화했다. 캠프 후 시범경기에서도 활약하며 개막 엔트리에 포함됐다. 2011시즌 KBO리그 개막 엔트리에 이름을 올린 신인 8명 중 고졸 신인은 임찬규가 유일했다.
 그만큼 내부 평가가 좋았다. LG 선수들과 첫 만남부터 그랬다. 2010년 여름 임찬규는 심부름을 통해 잠실구장을 찾았다. LG 라커룸에 들어갈 기회가 생겼고 프랜차이즈 스타 박용택과 마주했다. 박용택은 임찬규와의 첫 인상을 어제 일처럼 기억하고 있다.

 당시 휘문고 박만채 코치가 우리 팀에 첫 번째로 지명될 수 있는 휘문고 선수가 심부름하러 온다고 하더라. 누군지 보니 임찬규였다. 씩씩하게 인사하는 모습이 참 보기 좋았다. 마침 라커룸에 치킨 열 마리 정도가 있어서 먹고 가라고 했다.

 이후 전력분석하고 경기 준비하느라 한 시간 정도 자리를 비우고 돌아왔다. 당연히 찬규가 없을 줄 알았는데 라커룸 한가운데

Chapter 1
2011년 4월 17일
잠실

에 앉아서 아직도 계속 치킨을 먹고 있더라. 나도 그렇고 다른 선수들도 신기하게 쳐다봤던 기억이 지금도 생생하다.

사실 라커룸 가운데 소파에 앉는 것부터 쉽지 않은 일이다. 당시 20대 선수들은 앉을 수 없는 자리였다. 나랑 이진영과 정성훈 정도부터 앉을 수 있는 자리인데 고등학생이 앉아서 아무렇지 않게 치킨을 몇 마리째 먹고 있으니 신기하지 않을 수 없었다.

찬규에게 '야, 너 몇 마리째야?'라고 물으니 '지금 두 마리 먹었고 세 마리째 먹으려 합니다!'고 외치더라. 당시 선수들 모두 '보통 녀석이 아니다'고 생각하며 껄껄 웃었던 기억이 난다.

그날 일을 두고 임찬규는 "아무것도 모르는 고등학생이었다. 뭘 알았겠나. TV에서만 봤던 우상 같은 선수들과 마주해서 너무 좋았는데 치킨까지 먹으라고 하시니 마냥 기뻤다. 용택 선배님께서 먹고 가라고 하시길래 소파에 앉아서 기분 좋게 먹었다. 지금 와서 보니 나름 당차긴 했던 것 같다. 그런데 실제로 막 몇 마리씩 먹고 그러지는 않았던 것 같다"라고 LG 선수단과의 비공식 첫 만남을 기억했다.

입단 후에도 하염없이 당찼다. 마무리 캠프부터 스프링캠프까지 삼촌뻘 선배들과 훈련하고 경쟁하면서도 흔들리지 않았다. 몇 달 동안 진행되는 캠프 기간 중 실수하고 혼나는 경우도 있었으나 특유의 쾌활함을 잃지 않았다.

LG 트윈스 차명석 단장과 임찬규의 첫 만남도 이때였다. 2010년 플로리다 마무리캠프에서 차 단장은 투수 코치로, 임찬규는 프로 입단을 앞둔 고교생으로 만났다. 둘은 플로리다행 비행기 바로 옆자리에 나란히 앉았다.

Chapter 1
2011년 4월 17일
잠실

프로 저연차 선수들도 어려워하는 것이 지도자와의 동승인데 임찬규는 달랐다. 담당 코치에게 쉬지 않고 질문을 쏟아냈다. 야구 내적인 질문은 물론, 야구 외적인 질문도 멈추지 않았다. 임찬규는 한참 대화를 나누다가 "그런데 코치님은 무슨 코치세요?"라고 물어 차 단장을 당황하게 만들었다.

차 단장은 플로리다에서 본 임찬규에 대해 "그야말로 천둥벌거숭이 같은 소년이었다. 공은 잘 던지는데 까불거리는 어린 아이 같았다"면서 "그래도 많이 힘들었을 것이다. 아버지뻘 되는 지도자, 삼촌뻘 되는 선배들과 함께 40~50일을 보냈다. 실제로 마음이 많이 힘들었는지 캠프 기간 중 밤에 그라운드 정비하는 카트를 타다가 다친 적도 있다. 집에 가고 싶다고 외치면서 과속하다가 넘어졌다고 들었다"라고 당시를 회상했다.

넘어져도 무너지지 않았다. 씩씩하게 다시 일어섰다. 2011시즌 개막 이전부터 팀 내부적으로는 이미 '당찬규'라는 별명이 붙었다.

당당하게 프로 첫 시즌부터 1군 무대에 섰다. 개막전에서 두산 4번 타자 김동주를 잡았다. 약 보름 후에는 롯데 이대호를 내야 땅볼로 돌려세웠다. 이제 막 고등학교를 졸업한 열아홉살 신인이 한국 야구 최고 타자를 꺾었다.

임찬규는 "솔직히 개막 엔트리에 들어갈 줄 몰랐다. 개막전은 선발 투수 2명이 빠진다. 빈 두 자리에 어떻게 등록이 됐다. 만일 등판 기회가 오면 '땡큐'고 아니면 어쩔 수 없다고 생각했다. 공교롭게 팀이 지고 있는 상황이었다. 패전 처리조가 나가는 상황이 되면서 개막전에 등판할 수 있었다"라고 프로 데뷔전에 대한 기억을 되짚었다.

긴장하거나 위축되지는 않았다. 아마 지금 그 상황과 마주하면 위축될 수도 있을 것 같다. 변화구도 많이 던지고, 유인하는 스

야구
선수
**임
찬규**

24

타일로 승부하지 않을까 싶다. 하지만 그때는 정말 '잃을 게 없다. 맞고 내려가도 된다. 그저 내 공에 타자들이 어느 정도 반응하는지 보자. 그래야 더 성장할 수 있다'는 생각으로 던졌다. 돌아봐도 참 당돌했던 것 같다.

   이후 몇 경기를 더 치르고 롯데전에 임했다. 그때는 자신감이 더 많이 올라와 있는 상태였다. 시즌 초반이었지만 성적이 좋았고 씩씩함이 이슈도 됐다. 팬분들의 관심도 커졌고 팀에서도 되겠다는 분위기였다. 그래서 나도 이렇게 된 거 이대호 선배에게 올 직구로 승부하기로 마음먹었다.

   와인드업 동작에 변화를 준 4구 패스트볼은 지금 돌아봐도 신기한 장면이었다.

   진짜 무슨 깡으로 그렇게 했는지 나도 모르겠다. 솔직히 그때 한 번 됐다. 이후 몇 년 동안은 안 됐다. 6, 7년 차까지도 폼에 변화를 주면서 타이밍을 빼앗으려 하면 제구가 흔들리면서 오히려 내가 말렸다. 이대호 선배님께 던진 그 네 번째 공은 잊을 수 없다. 그 때 그 인상적인 장면 하나로 팬들이 참 오랫동안 나라는 선수를 기억해주시고 기대해주셨다.

유망주이자 구세주

야구
선수
**임
찬규**

28

    2011년 5월 6일 대구 삼성전 시즌 첫 승이자 프로 커리어 첫 승, 5월 10일 잠실 한화전 두 번째 승을 따낸 임찬규는 경기를 거듭하며 쑥쑥 성장했다. 프로 첫 승을 올린 후 "지금까지 야구할 수 있게 도와주신 부모님 생각부터 났다"라며 고마움을 전하며 "승리투수가 된 것은 기쁜 일이지만 시즌은 길다. 일단 시즌 끝까지 1군 엔트리에 있고 싶다. 시즌을 완주하면서 팀에 도움이 되는 모습을 보여드리고 싶다"라고 다짐했다.

    다짐은 현실이 됐다. 승리투수 다음은 세이브였다. 5월 13일 목동 넥센전에서 임찬규는 통산 첫 번째 세이브를 올렸다. 결과만큼이나 과정도 인상적이었다. 불과 사흘 전 선발 주키치에 이은 두 번째 투수로 3.2이닝을 소화하며 승리투수가 된 그가 이번에는 절체절명 위기에서 팀을 구했다.

    9회말 3-1. 두 점차 리드에서 마운드에 오른 마무리 투수 김광수가 흔들렸다. 김민성에게 2루타, 유한준에게 좌전 적시타를 허용해 3-2, 턱 밑까지 추격을 허용했다. 강정호에게는 스트레이트 볼넷을 내줘 1루 주자 유한준이 2루까지 진루. 안타 하나면 동점이었다.

    2사 1, 2루에서 마운드에 오른 임찬규는 넥센 외국인 타자 코리 알드리지를 삼진으로 돌려세웠다. 볼카운트 2B 0S로 몰리며 시작했으나 이후 내리 패스트볼 정면 승부를 펼쳤다. 3B 2S 풀카운트에서 스트라이크존 하단을 향해 낮게 깔려 들어간 패스트볼로 삼진. LG의 과제였던 불안한 뒷문에 희망이 자리한 순간이었다.

    첫 세이브를 올린 후 임찬규는 "롱릴리프로 불펜에서 대기하고 있었다. 그런데 선발 등판한 박현준 선배가 길게 잘 던지셨다. 오늘은 안 나가나 싶었는데 갑자기 9회에 나가게 됐다"며 "포수 조인성 선배님이 계속 빠른 공 사인을 내셨다. 선배님 사인대로 마음을 편하게 갖고 자신 있게 승부한 게 좋은 결과로 이어진 것 같다"고 소감을 전했다.

    그렇게 임찬규의 이름 앞에 '필승조'가 붙었다. 이전에는 선발 투수가

일찍 내려가거나 팀이 지고 있을 때 등판하는 추격조 혹은 롱릴리프였다. 그런데 추격조나 롱릴리프를 맡기에는 성적도 내용도 너무 좋았다.

첫 세이브를 올린 5월 13일 전날까지 임찬규는 15경기 19.2이닝을 소화하며 평균자책점 1.83을 기록했다. 피안타율 0.136에 WHIP(이닝당 출루허용률) 1.17. 이 숫자는 임찬규로 하여금 중요한 순간 팀의 승리를 지키는 임무를 맡게 했다.

투구 내용도 알찼다. 단순히 빠른 공만 앞세우는 게 아닌, 완급 조절을 통해 타자를 흔들었다. 스크라이크존에 넣는 커브와 헛스윙을 유도하는 커브를 같은 모션으로 던졌다. 경기가 없는 월요일. 최계훈 투수 코치와 잠실구장에서 부지런히 땀 흘린 결과였다.

2011년 5월 임찬규는 "프로는 다르다. 단순하게 던지면 절대 타자를 이길 수 없더라. 게다가 조금만 공이 몰려도 안타로 이어진다. 구종과 코스가 정말 중요하다는 것을 매일 느끼고 있다"라며 발전을 응시했다. 그러면서 "하루도 쉬지 못하고 매일 운동한다. 그렇지만 이렇게 1군에 있는 것 자체만으로도 행복하다"라면서 "나보다 코치님이 더 수고하신다. 코치님께서 가르쳐주시는 만큼 계속 발전하는 모습을 보여드리고 싶다"라고 당차게 말했다.

그렇게 쉴틈 없이 훈련하고 등판했다. 덕분에 빠르게 프로 수준의 커브를 터득할 수 있었다. 고교 시절에도 커브를 던졌지만 당시에는 프로 수준이라고 보기는 어려웠다. 제구에 기복이 있었고 카운트를 잡는 커브보다 홈플레이트 앞에서 원바운드 되는 커브가 많았다. 헛스윙을 유도할 수는 있어도 마음먹고 스트라이크를 던지는 데에는 애를 먹었다. 같은 높이, 같은 팔 스윙으로 두 가지 커브를 던질 수 있게 부지런히 연마했다.

특유의 배짱도 빛났다. 140km/h를 훌쩍 상회하는 패스트볼 외에도 이른바 '직체(직구 같은 체인지업)'로 불리는 130km/h대 속구도 던졌

Chapter 2
유망주이자
구세주

다. 프로 저연차 투수 대다수가 오직 힘만 앞세우는 투구를 하는데 임찬규는 달랐다. 힘 빼고 가볍게 '툭' 던지는 속구와 140km/h 중후반대에서 형성되는 강하고 빠른 속구로 타자를 혼란에 빠뜨렸다. 주로 던지는 구종은 세 가지(패스트볼, 커브, 슬라이더)인데 속구와 커브에 구속 변화를 주면서 사실상 다섯 가지 구종을 펼쳐 보였다.

물론 트레이드마크는 강속구였다. 5월 21일 잠실 롯데전에서 수차례 150km/h 이상의 불꽃투를 펼쳐 보였다. 연장 10회초 2사 후 마운드에 올라 5번 타자 홍성흔을 151km/h 속구로 외야 플라이 처리했다. 초구 117km/h 커브로 카운트를 선점한 후 150km/h 이상의 속구로 베테랑 홍성흔을 밀어붙였다.

11회초에도 마찬가지. 불같은 공에 강민호의 배트가 부러지며 좌익수 파울 플라이 아웃. 다음 타자 조성환은 삼구삼진이었다. 1구 131km/h 슬라이더로 스트라이크를 잡고, 2구 152km/h 속구로 투 스트라이크, 마지막 150km/h 바깥쪽 꽉 찬 속구에 조성환은 배트도 내지 못했다. 조성환 다음 타자 황성용의 타구는 외야로 뻗지 못하고 2루 플라이 아웃. 임찬규의 완벽투에 이날 경기를 해설했던 허구연 KBO 총재는 "임찬규가 LG의 최동원이 될지도 모르죠"라며 극찬했다.

그렇게 루키 센세이션의 막이 올랐다. 자연스레 '신인왕 후보'라는 수식어가 생겼다. 우상인 이병규 이후 14년 만의 LG 신인왕을 응시했다. 이병규의 9번, 박용택의 33번, 이대형의 53번, 봉중근의 51번 유니폼으로 도배된 잠실구장에 임찬규의 1번 유니폼도 하나둘씩 보였다.

희망과 행복으로 가득한 LG의 2011시즌 초반이었다. 그럴 수밖에 없었다. 2003년부터 2010년까지 8년 연속 포스트시즌 진출 실패. 결코 짧지 않은 시간 동안 좌절과 분노만 쌓였다. 1990년대 황금기가 무색하게 되는 게 없는 팀의 전형이었다.

선수층부터 경쟁 팀과 비교하면 크게 부족했다. 그렇다고 미래를 맡

야구
선수
**임
찬규**

34

Chapter 2
유망주이자
구세주

길 유망주도 마땅치 않았다. 육성 시스템 부재가 현재와 미래를 잔인하게 갉아먹곤 했다.

임찬규처럼 150km를 던지는 신인이 없었던 것은 아니다. 하지만 오래가지 못했다. 몇 경기 강한 인상을 남기다가도 1군 무대의 높은 벽 앞에서 고개 숙였다. 마무리캠프와 스프링캠프, 그리고 시범경기까지 미디어에서 꾸준히 언급됐던 이름들이 정작 정규시즌에서는 사라졌다.

1차 지명을 받았음에도 1군 경기 기록이 전무한 투수도 있었다. 이형종, 정찬헌, 이범준 '투수 빅3'가 나란히 LG의 지명을 받은 2008년은 다를 것 같았지만 모두 부상으로 애를 먹었다. 암흑기 동안 신인 드래프트에서 지명한 선수 중 선발 투수로 두각을 드러낸 이는 20대 후반에 한국으로 돌아온 해외파 봉중근뿐이었다.

그래서 임찬규가 더 특별했다. 임찬규의 유니폼을 구매하고 임찬규의 유니폼을 착용한 채 잠실구장에 앉은 LG 팬들은 미래 에이스와 암흑기에서 탈출하는 모습을 머릿속에 그렸다.

현장의 시선도 마찬가지였다. 2011시즌 LG 사령탑을 맡은 박종훈 감독은 "찬규는 정말 가능성이 대단한 투수"라며 "일단 기질부터 굉장히 좋다. 신인이 1군 무대에서 과감히 몸쪽을 던지는 게 쉽지 않다. 찬규는 오히려 몸쪽을 던질 때 더 과감하다. 제대로 끝까지 손을 뻗으며 몸쪽 승부를 한다. 변화구 구사 능력만 조금 더 향상되면 더 좋은 모습을 보여줄 것이다. 시즌을 치르다 보면 고민도 많아지고 살도 빠지는데 찬규를 보면서 마음의 살은 찌는 것 같다"고 함박 미소를 지었다.

그렇게 순식간에 '마무리 투수'로 올라섰다. 마무리 투수 초안이었던 김광수가 흔들리면서 박 감독은 5월말부터 임찬규, 이동현, 이상열 등을 세이브 상황에 두루 기용하는 집단 마무리 체제를 선택했다. 이들 중 핵심은 임찬규였다. 박 감독은 "찬규가 이미 몇 차례 위기 상황에서 씩씩히 잘 막아줬다. 갑자기 맡은 마무리 투수 역할을 해낸 만큼 기회가

야구
선수
**임
찬
규**

 또 갈 것"이라고 밝혔다.
 마무리 투수라 쓰고, LG 아킬레스건이라 읽었다. 암흑기 내내 그랬다. 2003년 30세이브를 기록한 이상훈이 떠난 후 2010년까지 확실하게 뒷문을 책임진 투수가 극히 드물었다. 2007년 우규민이 30세이브를 올린 것을 제외하면 이 기간 20세이브 이상을 올린 투수도 없었다.
 그래서 늘 경기 후반이 어려웠다. 상대도 이를 알기에 LG를 끝까지 물고 늘어졌다. LG는 '지고 있어도 마지막에 뒤집을 수 있는 팀'으로 인식됐다. 극적인 역전승은 연승을 부른다. 반면 치명적인 역전패는 연패로 이어진다. 불안한 9회가 LG를 하위권으로 잔인하게 끌어당겼다. 외국인 투수에게 마무리를 맡기기도 했으나 이 또한 해답은 아니었다.
 2011시즌은 달랐다. 6월까지 17세이브를 기록했고 이중 임찬규가 5세이브를 올렸다. 집단 마무리 체제에서 가장 많은 세이브를 기록한 임찬규다. 9회 공포에서 탈출하면서 LG는 6월까지 5할 승률 이상, 순위표에서 4위 이내에 자리했다.
 물론 완벽하지는 못했다. 동점을 허용하며 블론 세이브를 범하기도 했다. 그런데 역전까지 내주지는 않았다. 동점으로 연장 승부가 됐고 임찬규가 연장까지 던지면 팀이 승리하는 경우가 심심치 않게 나왔다. 5월 28일 목동 넥센전, 6월 8일 잠실 한화전이 그랬다. 두 경기에서 임찬규는 블론 세이브와 승리를 두루 기록했다. 5월 26일 잠실 두산전부터 6월 10일 군산 KIA전까지 임찬규는 '승리 아이콘'으로 불렸다. 이 기간 7경기 8.1이닝 3승 4세이브 평균자책점 2.16으로 활약한 임찬규였다.
 이렇게 승리와 세이브를 꾸준히 쌓으면서 단순한 '신인왕 후보'가 아닌 '신인왕 후보 1순위'로 올라섰다. 사실 적수가 없었다. 함께 입단한 동기로 한정하면 특히 그랬다. 임찬규만큼 꾸준히 1군 무대에서 핵심 구실을 한 2011년 입단 신인은 없었다.

Chapter 2
유망주이자
구세주

	관건은 지속성이었다. 제대로 된 성적표는 정규시즌이 끝나야 나온다. 대업을 이루는 데에 있어 중간 성적은 큰 의미가 없다. 모든 프로 구단과 선수는 페넌트레이스라는 마라톤을 완주한 후에 제대로 평가 받는다.
	전반기 마지막을 향하는 시점에서 LG와 임찬규 모두에게 고비가 왔다. 시즌 초반부터 크고 작은 부상이 반복됐는데 결국 에이스 봉중근이 시즌아웃 판정을 받았다. 봉중근은 6월 초 팔꿈치 수술을 받았다. LG는 토종 에이스 없이 페넌트레이스를 치러야 했다.
	임찬규는 열흘 간격으로 두 차례 시련과 마주했다. 첫 번째 시련은 6월 8일 잠실 한화전. 8회부터 등판한 임찬규는 9회 6-5 1점차 리드를 지키면서 승리투수가 됐다.
	문제는 오심이었다. 2사 3루. 한화 3루 주자 정원석이 홈을 파고 들었고 임찬규는 급히 홈으로 공을 던졌다. 정원석이 홈에서 태그아웃 당하면서 경기 종료. 그런데 홈으로 던지는 과정이 석연치 않았다. 투구 동작에 들어갔다가 상대 주자가 홈으로 파고 들자 급히 투구판에서 벗어났다. 투구 동작에 들어갔다가 급히 발을 뺐기 때문에 보크. 보크로 6-6 동점이 돼야 했는데 당시 심판조 모두 이 부분을 놓치고 말았다.
	심판진과 더불어 임찬규에게도 비난의 화살이 쏟아졌다. 당시 국민 SNS였던 싸이월드 임찬규 페이지는 이른바 테러로 난장판이 됐다. 임찬규 입장에서는 억울할 수 있다. 그러나 몇몇 이들은 오심을 범한 심판진과 승리투수가 된 임찬규를 공범으로 바라봤다.
	영향이 아예 없을 수는 없지만 무너지지 않을 것 같았다. 이틀 후 다음 경기인 광주 KIA전에서 세이브를 기록하며 승리를 지켰다. 6일 후 마운드에 오른 대구 삼성전에서도 0.2이닝 무실점했다. 문제는 다음 날이었다. 6월 17일 잠실 SK전. 지금도 이따금씩 회자되는 4연속 볼넷 포함 0.1이닝 5볼넷 경기가 이날이었다.

던진 공이 마치 귀신에 홀린 듯 거짓말처럼 스트라이크존에서 벗어났다. 첫 타자 임훈 볼넷 후 다음 타자 대타 박윤을 삼진으로 잡았으나 박진만에게 좌전안타를 허용했다. 1사 1, 2루 위기와 마주한 상황에서 벗어날 수 없는 악몽이 시작됐다.

 조동화를 시작으로 정근우, 박재상, 최정에게 내리 볼넷을 범했다. 조동화 볼넷으로 1사 만루. 정근우, 박재상, 최정 볼넷으로 상대에 3점을 헌납하고 말았다. 스트라이크를 던지기 위해 패스트볼 위주의 피칭을 했음에도 공은 무심하게 스트라이크존을 외면했다.

 4-1로 앞서며 9회초를 맞이했는데 타자와 제대로 싸우지도 못한 채 역전을 내줬다. 임찬규는 9회말 반전을 기도하듯 동료 타자들을 바라봤으나 LG 타선은 삼자범퇴. 4-6으로 SK에 진 LG는 5연패에 빠졌다. 연패 전에는 1위 SK와 승차 없는 2위. 정상을 바라봤으나 연패와 함께 4위로 추락했다. 임찬규의 평균자책점도 1.78에서 3.03으로 크게 치솟았다.

 결과 이상의 충격이었다. 이날 경기 후 LG 더그아웃과 락커룸에는 숨소리도 들리지 않았다. 아들을 응원하려고 잠실구장을 찾은 임찬규의 아버지와 어머니는 경기 종료에 앞서 야구장을 떠났다. 임찬규를 향한 관중들의 욕설과 야유로 인해 자리를 떴는데 임찬규의 어머니는 귀가 중 경련으로 쓰러지고 말았다. 동행한 아버지가 어머니를 급히 응급실로 인도해 큰 사고는 피했으나 이날 이후 임찬규 어머니는 꽤 오랫동안 야구장을 찾지 못했다. 프로 무대에 오른 아들을 바라본 첫 잠실구장 직관은 비극이 됐다.

 다음날 한 스포츠 신문 1면에 'LG 이것도 야구냐'라는 타이틀과 함께 고개 숙인 임찬규의 사진이 자리했다.

 잊고 싶지만 잊히지 않는 일이었다. 2011년 6월 17일을 머릿속에서 완전히 지우는 것은 평생 불가능할지도 모른다. 14년이 지난 지금도 당

시 일을 어제처럼 기억하고 있는 임찬규다.

　임찬규는 "첫 볼넷 후 어떻게든 스트라이크를 던지려 노력했다. 홈런을 맞아도 괜찮으니까 가운데만 보고 던졌다. 리듬을 바꾸기 위해 1루 견제도 해보고 마운드에서 내려가 크게 심호흡도 했다. 일부러 로진백을 길게 만져보기도 했다. 그런데 무엇을 해도 안 됐다. 이렇게 스트라이크가 들어가지 않은 적은 야구를 하면서 그때가 처음이었다"고 말했다.

　구단 내부적으로도 6월 17일 경기는 큰 화제가 됐다. 스트라이크존을 잃어버렸음에도 임찬규를 교체하지 않은 부분이 특히 그랬다. 박종훈 감독은 임찬규를 길게 끌고 간 것을 두고 "사실 투수 코치는 임찬규를 바꾸자고 했는데 내가 계속 가자며 밀고 나갔다"며 "찬규는 우리 팀의 마무리 투수다. 찬규가 무너지면 팀이 끝나는 것이다. 그 상황에서 찬규를 내리면 찬규가 자신감을 잃을 것 같았다"고 밝혔다.

　이어 박 감독은 "투수를 해보지 않아 투수의 심리에 대해서는 잘 모른다. 경기 후 돌아보니 투수 코치의 말이 맞았다. 내가 상황을 더 나쁘게 만들었다. 찬규를 더 힘들게 만든 것 같다. 찬규가 정신적으로 많이 힘들 것 같다"고 고개 숙였다.

　보통의 신예 선수는 다시 마운드에 오르는 것 자체가 트라우마가 될 수 있는 상황. 실제로 멘탈 회복 차원에서 2군으로 내려가는 경우도 많다. 하지만 임찬규는 오뚝이처럼 바로 일어섰다. 누구를 탓하지 않고 스스로를 돌아보고 반성했다.

　먼저 감독님께 죄송하다. 끝까지 믿고 맡겨주셨는데 내가 팀의 승리를 지키지 못했다. 감독님께서는 연패를 끊기 위해 나를 믿어 주셨는데 기대에 부응하지 못했다. 다시 집중하겠다. 결과적으로 안 좋았지만 내게 큰 도움이 됐다. 앞으로 비슷한 상황이 얼마든지 나올 수 있지 않나. 그때는 절대 이런 실수를 범하지 않아

Chapter 2
유망주이자
구세주

야 한다. 4연속 볼넷 같은 일이 또 나와서는 안 된다. 최악의 경험을 했는데 또 다시 이런 일은 절대 나오지 않을 것이다.

LG는 다음날 연패에서 탈출했다. 임찬규도 충격을 딛고 일어섰다. 이틀 후인 19일 같은 장소에서 같은 팀을 상대로 등판해 무실점 피칭을 했다. 첫 타자 이호준에게 볼넷을 허용했지만 최정을 좌익수 플라이로 잡았다. 대주자 김연훈의 도루 실패로 0.2이닝 무실점을 기록했다. 다음 등판인 잠실 삼성전에서도 안타 없이 0.2이닝 무실점. 정상 궤도에 진입했다.

잊으려 하지 않았다. 고난에 정면으로 맞섰다. 그렇게 더 단단해졌다. 다짐대로 실수를 반복하지 않기 위해 훈련량을 늘렸다. 야구가 없는 월요일은 물론, 야구 경기 후에도 섀도 피칭에 임했다. 월요일에는 공을 던졌고 경기가 끝나면 밤 늦게까지 밸런스를 유지하기 위해 수건을 들었다.

나도 모르게 머릿속에 욕심이 하나둘 생겼다. 신인왕, 마무리투수, 세이브 등으로 머릿속이 가득했다. 마무리투수답게 빠르고 강한 공을 던져야 한다고 생각했다. 하지만 아무리 공이 빨라도 내가 원하는 곳에 던지지 못하면 소용이 없다. 앞으로는 쓸데없는 힘을 빼고 내 투구 밸런스에 집중할 것이다.

원하는 곳에 공을 던질 수 있다면, 140km/h 패스트볼을 갖고도 충분히 타자를 잡을 수 있다. 초심으로 돌아가기로 했다. 시즌이 시작했을 때 내 위치는 패전처리였다. 이제는 등판할 때마다 '나는 패전처리야'라고 주문을 걸듯 얘기한다. 앞으로는 세이브도 신인왕도 다 필요 없다. 팀이 승리하는 데 보탬이 되는 게 가장 중

야구
선수
**임
찬규**

42

요하다. 우리 팀이 이기고 4강에 들면 된다.

　미안함을 전했던 박 감독도 임찬규의 마음을 헤아리며 부담을 지워주려고 했다. 취재진과 인터뷰에서 임찬규 앞에 '마무리'라는 세 글자를 지웠다. 임찬규에게 직접 "지금 정말 잘하고 있다. 그러니 자신감을 잃지 말고 앞만 보고 가자. 지금까지 잘했고 앞으로 더 잘할 것"이라고 격려했다.
　이렇게 연속 볼넷 사건을 과거형으로 만들었다. 7월 한 달 동안 임찬규는 6.2이닝 1실점했다. 세이브 2개를 기록했고 평균자책점은 1.35였다. 7월 12일 잠실 SK전에서는 팀의 2-0 승리를 완성하는 세이브를 기록했다. 9회초 마운드에 올라 4번타자 최정부터 5번타자 이호준, 6번타자 정상호를 삼자범퇴로 돌려세웠다. 맹훈련에 임한 결과가 마운드 위에서 고스란히 드러났다. 패스트볼과 커브를 앞세워 '당찬규'로 완벽하게 돌아왔다.
　LG는 41승 41패 5할 승률로 전반기를 마무리했다. 7월 31일 트레이드 마감일에는 새로운 마무리 투수를 영입했다. 넥센 히어로즈와 3 대 3 빅딜을 이루며 송신영을 데려왔다. 팀과 임찬규 모두를 위한 결정이었다. 회복세를 보인 임찬규지만 신인 투수가 입단 첫해부터 마무리 투수로 완주하는 경우는 극히 드물다. 9년 만의 포스트시즌 진출을 바라보며 송신영에게 9회를 맡기기로 했다. 임찬규는 송신영 앞에서 필승조 혹은 롱릴리프를 겸했다.
　마감시한 3시간을 앞두고 결정한 빅딜이었다. 하지만 목표점까지 닿지는 않았다. 8월 5일까지 외줄타기를 5할 승률을 지키면서 4강에 도전했던 LG는 이후 조금씩 4위와 멀어졌다. 선수 한두 명의 부진 때문은 아니었다. 팀 전체적으로 페이스가 거짓말처럼 뚝 떨어졌다.
　임찬규도 체력적 한계와 마주했다. 그러면서도 어떻게든 내실을 채

Chapter 2
유망주이자
구세주

야구
선수
**임
찬규**

워 나갔다. 최계훈 투수 코치를 비롯한 지도자는 물론 주위 선배에게 끊임없이 조언을 구했다. 시즌 초반에는 봉중근에게 질문을 쏟아냈고 봉중근이 수술로 팀을 떠난 후에는 이대진과 송신영을 붙잡고 늘어졌다. 송신영과 이대진 모두 처음에는 적지 않게 당황했지만 도움을 요청하는 후배를 향해 미소 지었다.

송신영은 LG 유니폼을 입었던 2011년 후반기를 돌아보며 "트레이드 된 후 찬규가 다가와서 '선배님 원정 때 방 누구와 함께 쓰실 겁니까?'라고 대뜸 묻더라. 찬규랑 나이 차이가 삼촌뻘인데도 주저하지 않고 물어보더라. 사실 내가 더 당황했다"고 웃으면서 "'너 나 안 무섭니?'라고 되물으니 찬규가 '그저 선배님한테 많이 배우고 싶습니다'고 하더라. 정말 크게 될 친구라는 생각이 들었다"라고 돌아봤다.

이후 송신영은 임찬규와 단짝처럼 붙어 다녔다. 경기 중 나란히 앉아 송신영으로부터 체인지업과 커브 그립을 배우는 장면이 중계화면을 통해 전달됐다. 임찬규는 "원래 던지던 커브지만 송신영 선배에게 배운 대로 조금 변화를 줬다. 그렇게 훈련하니까 효과가 있더라. 이제는 볼카운트 3B 0S에서도 커브를 던질 수 있다. 체인지업도 열심히 배우고 있는데 언젠가는 내 것으로 만들 것"이라고 다짐했다.

송신영과 임찬규의 나이 차이는 15살. 임찬규는 18살 차이가 나는 이대진도 똑같이 괴롭혔다. 송신영처럼 7월말 LG 유니폼을 입고 이적한 이대진은 "찬규가 다시는 볼넷으로 허무하게 경기를 망쳐서는 안 된다는 생각을 갖고 있더라. 그래서 그런지 변화구로 스트라이크를 잡는 법. 마운드 위에서 평정심을 유지하는 법 등을 꾸준히 물었다. 그럴 때마다 '단점을 보완하기 보다는 장점을 살려보자. 안 되는 것에 얽매이지 말고, 되는 것을 극대화하자'라고 조언해준 적이 있다"라는 얘기를 전했다.

더 발전하기 위해서 더 당당해진 임찬규였다. "원래 선배님들한테 많이 물어보는 편이다. 그때그때 궁금한 게 떠오르면 이것저것 바로 물어

Chapter 2
유망주이자
구세주

본다. 귀찮아 하셔도 어쩔 수 없다. 계속 물어보고 배울 것이다. 같은 질문이라도 선배님들마다 새로운 해답을 주실 때가 있다. 그만큼 더 다양하게 배울 수 있는 것 아닌가"라고 밝혔다.

가을이 다가왔지만 정작 LG는 가을 야구에서 멀어졌다. 그러나 야구가 끝난 것은 아니다. LG는 미래를 바라보며 젊은 선수들의 가능성을 타진했다. 당연히 그 중심에는 임찬규도 있었다. 첫 시즌 중간투수로 활약하며 마무리투수 임무도 맡았던 임찬규지만 어쨌든 구단에서 기대하는 미래의 임찬규 자리는 선발이다.

박 감독과 코칭스태프는 9월까지 중간 투수로 9승을 올린 임찬규에게 선발 투수로서 승리해 10승을 채우는 미션을 부여했다. 페넌트레이스 마지막 구간인 10월. 임찬규는 두 차례 선발 등판이 예정됐다.

처음으로 선발 투수로서 준비에 임했다. 선발 등판 이틀 전인 9월 29일에는 불펜 피칭에 임하며 51개의 공을 던졌다. 이틀 후 두산 에이스 더스틴 니퍼트와 선발 대결에 임하는 것을 두고 "투수가 아닌 상대 타자와 싸우는 것"이라며 "씩씩하게 던져보겠다"라고 다짐했다. 꿈꾸던 프로 1군 무대 첫 선발 등판이었다. 하지만 임찬규는 "마냥 들뜨면 안 될 것 같다. 긴 이닝을 소화해야 하지만 차분하게 타자 한 명씩 잡아 보겠다"라며 평정심을 강조했다.

기대한 결과가 나오지는 않았다. 10월 1일 잠실 두산전에서 4.2이닝 5실점. 정규시즌 마지막 경기인 10월 6일 잠실 삼성전에서 4.1이닝 6실점(5자책)으로 두 번 다 패전을 안았다.

상처만 남는 도전이었다. 이미 임찬규의 체력은 한계점을 한참 지난 상태였다. 체력 저하와 더불어 잔부상도 찾아왔다. 아무리 등판 간격에 여유 있는 선발 투수라 해도 이미 실전을 치르기 힘든 컨디션이었다. 아무에게나 허용되지 않는 1군 무대 선발 등판, 그리고 머릿속에서 지우려 해도 좀처럼 지워지지 않은 신인왕을 응시한 임찬규지만 지금도 당시 선발 등판에 대한 아쉬움이 크다.

임찬규는 "그때 두 경기 선발 등판을 하지 않았어야 했다. 체력이 바닥난 상황이라 공도 제대로 가지 않았다. 당시는 시즌 막바지고 이것만 던지면 마지막이라는 생각에 선발로 나갔다. 후유증을 전혀 예상하지 못했다"라고 후회했다.

그래도 완주를 이뤘다. 2011시즌 65경기 82.2이닝 9승 6패 7세이브 평균자책점 4.46. 당시 LG에서 임찬규보다 꾸준히 1군 무대를 지킨 고졸 신인 투수는 없었다. 임찬규만큼 강한 임팩트를 남긴 고졸 신인 투수 또한 없었다. 기쁨과 아픔이 공존한 루키 시즌이지만 결코 무너지지 않았다. 마지막까지 씩씩하게 공을 던졌다.

임찬규 스스로도 당시를 '행복한 시절'로 정의했다.

고3인 2010년부터 프로 첫해인 2011년 2년 동안 마냥 행복했다. 아마추어 시절 내내 꿈꿨던 프로 입단을 이뤘다. 그리고 프로 입단 첫해부터 1군 무대에 올랐다. 모든 목표를 다 해낸 시즌은 아니었지만 즐겁고 행복한 경기가 훨씬 많았다. '과연 될까?'싶었던 물음표 대부분이 느낌표가 됐다. '나를 믿고 던지면 된다'는 자신감이 생겼다.

신인왕 도전은 실패로 끝났다. 지금과 달리 당시는 신인왕 투표를 정규시즌 종료 후가 아닌, 한국시리즈가 끝난 후 진행했다. 한국시리즈 무대에서 결승타를 터뜨린 삼성 리드오프 배영섭이 2011년 최고 루키로 뽑혔다.

배영섭은 정규시즌은 물론 가장 큰 무대에서도 빛났다. 통합 우승 팀의 리드오프로 활약한 것을 물론, 정규 시즌 막바지 수술 후 기적적으로 한국시리즈 엔트리에 이름을 올린 점도 인상적이었다. 시즌 도루 부문

Chapter 2
유망주이자
구세주

3위에 오른 것 또한 배영섭에게 유리하게 작용했다. 시즌 초반은 임찬규가 앞섰지만 시상식은 한 시즌 전체를 바라보는 자리. 배영섭은 유효표 91표 중 65표를 획득했다.

11월 7일 시상식에 참가한 임찬규는 시상식이 끝나자마자 마무리 캠프가 열리는 진주행 버스에 탑승했다.

머릿속에서 지우려 하고 애써 마음을 감추려 했지만 신인왕 하나는 쉽게 지워지지 않았다. 그만큼 신인왕에 대한 욕심이 강했다. 야구선수 꿈을 꾸게 한 선수가 이병규 선배님이다. 내가 신인왕이 되면 이병규 선배님 이후 LG 첫 신인왕이니까 나도 모르게 큰 의미를 부여했다. 하지만 막바지에 체력도 떨어졌고 내 실력도 부족했다. 시즌이 끝나갈 때에는 미련도 없었다. 시상식에서 영섭이 형에게 진심을 담아 축하의 꽃다발을 드렸다.

Chapter 3

SOPHOMORE AND MORE JINX

야구
선수
**임
찬규**

52

Chapter 3
SOPHOMORE
AND MORE JINX

  2011년까지 9년 연속 포스트시즌 진출 실패. 가을 야구 불참 횟수가 무겁게 쌓여갈 때마다 더 냉혹한 칼바람이 불었다. 2011년 겨울도 그랬다. 박종훈 감독은 10월 6일 정규시즌 마지막 경기에 앞서 자진 사퇴를 발표했다. 임찬규의 두 번째 선발 등판 경기가 있던 날이었는데 결국 이날 LG 유니폼을 입은 모두가 고개 숙인 채 2011시즌과 작별했다.
  물론 한 시즌이 끝난다고 모든 게 끝나는 것은 아니다. 남은 이들에게 시즌 종료는 곧 새로운 시즌의 시작이다. 구단도 다르지 않았다. LG는 정규시즌 종료 다음날인 10월 7일 김기태 수석 코치에게 지휘봉을 건넨다. 2011시즌 중반 2군 감독에서 1군 수석코치로 보직 이동된 김 감독은 일찍이 박종훈 감독 다음 사령탑으로 내정됐다.
  김 감독은 10월 21일 공식적으로 선수단과 처음 만난 자리에서 "10년이면 강산도 바뀐다. 선수들이 잘 생각했으면 좋겠다. 가서 혹독한 훈련을 하고 싶은 사람은 적어라. 쉴 사람은 쉬어라. 마무리 캠프에서 참가하고 싶은 사람만 스스로 이름을 적으면 된다"라고 특유의 카리스마를 보였다.
  임찬규도 마무리 캠프에 합류했다. 일 년 전 이맘때는 고교 졸업 전 예비 신인으로서 마무리 캠프에 참가하기 위해 플로리다행 비행기에 탑승한 바 있다. 9년 연속 성적이 안 나오니 마무리 캠프 환경도 180도 달라졌다. 2010년에는 메이저리거들이 사용하는 플로리다 브레이든턴 피츠버그 캠프에서 한 해를 마무리했다. 이제는 제대로 된 잔디 그라운드도 없는 진주 연암공대에서 훈련하며 2011년 공식 일정을 마치게 됐다.
  임찬규는 진주에서 체력 훈련에 집중하며 2년 차 시즌을 준비했다. 루키 시즌 막바지 선발 등판은 두 번째 시즌을 암시하는 예고편이었다. 김 감독과 1군 투수진을 담당하게 된 차명석 투수 코치는 일찍이 임찬규를 2012시즌 풀타임 선발 투수로 낙점했다. 이에 응답하듯 더 강한 몸을 만들기 위해 마무리 캠프 마지막까지 땀을 쏟았다.

좋은 소식도 들렸다. 프로 입단 후 처음 마주한 2012년 연봉 협상에서 233% 인상된 8,000만원에 사인했다. 구단 최고 상승폭이었다. 당시 LG에서는 매우 상징적인 일이었다.

암흑기가 길어짐에 따라 LG는 다른 구단과 차별화된 고과 정책을 이어갔다. 이른바 '신연봉제'로 불리는 정책으로 어느 구단보다 연봉 상승폭과 하락폭이 컸다. 임찬규는 최소 연봉 2,400만원에서 가장 높은 인상폭을 기록했지만 반대로 억대 연봉에서 수직 하락한 선수도 있었다. 주로 부상과 부진으로 많은 경기를 뛰지 못한 선수들에게 연봉 삭감 화살이 향했다.

LG가 유별난 점은 또 있었다. 2012년 스프링캠프 명단에 이름을 올리기 위해서는 구단 자체적으로 진행하는 체력 테스트도 통과해야 했다. 21세기 최고의 황금기를 보내고 있는 현재의 LG를 생각하면 어처구니없는 일로 보일지 모르지만 당시에는 그랬다. 비시즌마다 일어나는 사건사고를 없애고 겨우내 선수들로 하여금 운동을 놓지 않게 의도했다. 2012년 1월 10일 체력 테스트를 실행했다.

신예 그룹에 속한 임찬규는 윗몸 일으키기 70개, 50m 달리기 6.5초, 4km 달리기 16분 41초로 중간 이상의 성적을 냈다. 1월 15일 투수조 1차 스프링캠프가 열리는 사이판으로 향했다.

목표점은 뚜렷했다. 지난해 보여준 잠재력을 선발 투수로서 터뜨리는 것이었다. 이를 위해서는 벤치마킹이 필요했다. 특유의 쾌활함으로 캠프 분위기를 활기차게 만들면서 빅리그 출신의 국가대표 에이스 봉중근을 바라봤다. 봉중근의 모든 것을 흡수하려는 듯 부지런히 봉중근을 따라다녔다.

그럴 만했다. 프로 첫 시즌 투구 내용에서 가장 아쉬운 부분을 해결할 수 있는 적합한 선배가 바로 봉중근이었다. 고교시절 커브만큼이나 자

Chapter 3
SOPHOMORE
AND MORE JINX

신 있는 변화구였던 체인지업이 막상 프로 입단 후에는 컨트롤이 안 됐다. 선발 투수로서 구종의 다양성도 필요했던 만큼, 캠프 기간 임찬규는 체인지업의 부활을 꾀했다.

KBO리그는 물론 올림픽과 WBC(월드베이스볼클래식)에서도 체인지업으로 맹위를 떨친 봉중근이다. 임찬규는 체인지업에 대한 조언을 구하기로 했다. 프로 첫 시즌에는 봉중근이 수술로 이탈해 함께 할 수 있는 시간이 적었지만 이제부터는 송신영, 이대진에게 그랬던 것처럼 무한 질문을 쏟아낼 수 있다.

임찬규는 사이판 캠프 출국에 앞서 마치 노트에 적은 것을 고스란히 읽는 것처럼 "봉중근 선배님께 멘토를 부탁드렸다. 배울 게 정말 많다. 중근 선배님의 체력과 체인지업을 흡수할 수 있다면 무조건 발전할 것"이라며 눈을 반짝였다.

현재 미국 플로리다에 있는 봉중근은 부지런히 질문을 쏟아내던 스무살 임찬규를 뚜렷하게 기억하고 있다.

정말 귀엽고 예뻐했던 후배다. 보통의 저연차 선수들과 많이 달랐다. 보통 입단해서 프로 3년 차까지는 선배들을 많이 어려워한다. 하지만 찬규는 그런 게 전혀 없었다. 조금 까불거리는 느낌도 있었지만 자기 것도 잘하고 씩씩하게 선배들을 잘 따랐다. 베테랑 선수 모두가 '쟤는 참 잘 되겠다. 자세가 참 좋다'고 얘기하곤 했다.

찬규와는 룸메이트도 많이 했다. 룸메이트로 지내면서 참 많은 걸 물어보더라. 당시 찬규를 '까불이'라고 불렀다. 좋아하는 후배, 귀여운 후배가 이것저것 물어보니까 즐거웠다. 나도 모르게 '얘 한테는 정말 올인해서 잘 가르쳐야 한다'고 생각했다.

야구
선수
**임
찬규**

Chapter 3
SOPHOMORE
AND MORE JINX

2012년 사이판과 오키나와 캠프 때였다. 사이판 캠프부터 정말 진중하게 도움을 요청하더라. 1년 차 때 쓸 수 있는 변화구가 커브랑 슬라이더밖에 없어서 너무 힘들었다며 체인지업을 배우고 싶다고 했다. 간절하게 체인지업이 무조건 필요하다길래 바로 체인지업을 던지는 느낌과 그립을 알려주고 캐치볼을 함께 했다.

사실 체인지업을 물어본 선수는 정말 많았다. 하지만 체인지업이 쉬운 구종이 아니다. 나도 미국에 있을 때 1년 반 정도 꾸준히 던지다 보니 체인지업을 어떻게 던져야 하는지 느낌이 왔다. 보통의 투수들은 어느 정도 시도하다가 포기한다. 그런데 찬규는 빠르게 포인트를 캐치하더라. 던질 때 살짝 손목을 비트는 게 포인트인데 찬규는 개념을 이해하고 바로 습득했다.

그때부터 정말 던지는 감각이 좋은 투수라고 느꼈다. 손목 트는 것 하나만 짚어주니 뒤에 손가락을 쓰는 것도 빠르게 익히더라. 안 그래도 찬규가 던지는 팔 스로잉이 체인지업에 참 적합하다고 생각했는데 금방 던지는 것을 보고 참 놀랐던 기억이 있다.

기회의 문이 활짝 열렸다. 임찬규는 캠프 시작부터 선발 로테이션에 이름을 올렸다. 2012년 첫 실전도 선발 등판이었다. 오키나와에서 열린 야쿠르트 스왈로즈와 평가전에서는 3이닝 2실점했지만 오키나와 마지막 경기인 세이부 라이온스와 맞대결에서는 5이닝 무실점으로 호투했다. 선발 투수인 만큼 경기를 거듭하며 투구수와 이닝수를 늘렸다.

시간이 지날수록 의도치 않게 자신의 비중이 커졌다. 선발진 원-투-스리 펀치 초안이었던 레다메스 리즈, 벤자민 주키치, 박현준 중 주키치만 남았다. 리즈는 불안한 뒷문을 책임지기 위해 마무리투수로 자리를 옮겼고 박현준은 초유의 사건으로 유니폼을 벗었다.

김기태 감독은 캠프를 마무리하며 "주키치를 제외한 선발진 네 자리를 신구조화를 통해 채우겠다. 임찬규, 김광삼, 이대진, 정재복, 신재웅, 이승우, 임정우 등이 선발 로테이션 경쟁에 임할 것"이라고 밝혔다.

겉으로는 신구조화를 내세웠으나 현실은 풍요 속의 빈곤이었다. 냉정히 바라보면 상수는 주키치 한 명. 다른 선발 투수들은 선발 투수로서 전성기가 지난 베테랑이거나 선발 투수 경험이 거의 전무했다.

임찬규도 후자에 속했다. 그런데도 임찬규는 일찍이 개막 로테이션을 확정 지었다. 정규시즌 개막에 앞선 시범경기에서 부진했으나 김 감독과 차 코치는 임찬규라는 미래에 투자하는 것을 주저하지 않았다.

차 코치는 "선발 투수 대부분이 고만고만하다. 그래서 오히려 더 넓게 보고 쓸 수 있다"라며 "주키치와 임찬규만 선발 로테이션에 고정할 것이다. 다른 세 자리는 이름값에 좌우되지 않고 마운드에 올릴 계획이다. 내부 경쟁을 유도하고 상대 팀과 상성도 보면서 선발진을 운영할 계획"이라고 설명했다.

마지막 시범경기인 3월 30일 잠실 한화전. 임찬규는 한국으로 돌아온 '코리안 특급' 박찬호와 선발 대결에 임해 6이닝 5실점했다. 사실 이날 경기의 주인공은 임찬규도, 박찬호도 아니었다. 2012년부터 오랫동안 임찬규와 배터리를 이루는 동갑내기 포수 유강남이었다. 박찬호를 상대로 홈런을 터뜨린 유강남은 두 차례 2루 도루를 저지하며 공수에서 맹활약했다.

기대와 불안이 공존한 채 프로 두 번째 시즌의 막이 올랐다. 임찬규의 2012시즌 첫 경기는 4월 11일 잠실 롯데전. 3회까지는 위기 속 무실점이었다. 막강 롯데 타선을 맞아 커브와 부지런히 연마한 체인지업을 앞세워 위기를 돌파했다.

그러나 4회부터 한계점을 노출했다. 체력과 패스트볼 구위가 이닝을

Chapter 3
SOPHOMORE AND MORE JINX

거듭하며 떨어졌다. 아무리 변화구가 좋아도 패스트볼이 먹히지 않으니 볼카운트를 선점하기 어려웠다. 베테랑 타자들은 변화구 의존도가 높은 임찬규에 맞서 변화구만 노리는 경우도 많았다.

변화구만 노리는 타자들은 패스트볼로 응수하려 했지만 이미 임찬규의 패스트볼은 1년 전 이맘때와 너무 달랐다. 150km/h를 상회했던 패스트볼이 거짓말처럼 사라졌다. 5회초 전준우에게 던진 하이 패스트볼이 우전 안타, 홍성흔에게 던진 몸쪽 패스트볼이 1타점 2루타로 이어졌다. 5회까지 3점을 내주며 2012시즌 첫 선발 등판을 마쳤다.

과제였던 체인지업이 자리잡은 것은 호재다. 동시에 자신의 트레이드 마크인 강속구가 사라진 것은 악재다. 1년 차 루키 시즌에는 패스트볼 평균 구속이 140km/h 중반대였다. 2년 차에는 최고 구속이 1년 차 평균 구속이 됐다. 그 최고 구속도 경기당 한두 번 나오는데에 그쳤다. 2012시즌 선발 등판을 마치고 투구 분석표를 돌아보면 임찬규 패스트볼의 평균 구속은 138km/h에서 140km/h 사이였다.

고개 숙이지는 않았다. 어떻게든 시간을 1년 전으로 돌리려 부지런히 땀을 쏟았다. 아직 선발 투수로서 체력을 갖추지 못한 것을 알고 쉬지 않고 뛰었다. 선발 등판을 앞둔 불펜 피칭에서는 의도적으로 빠른 공을 던지려 했다.

주위에서도 힘을 불어넣었다. 차 코치는 임찬규의 불펜 피칭을 바라보는 취재진을 향해 "LG 트윈스 미래 에이스가 불펜에 오르고 있다. 올해 못해도 12승은 할 것"이라며 의도적으로 임찬규에게 자신감을 불어넣었다.

하지만 반전은 없었다. 개막 후 약 한 달 동안 로테이션을 돌았지만 한계를 이겨내지 못했다. 4월 29일 사직 롯데전에서 6.1이닝 3실점으로 통산 첫 퀄리티스타트를 달성했다. 그러나 안타를 10개나 허용했다. 투구수 50개가 넘어가면 뚝 떨어지는 패스트볼 구속, 그러면서 애를 먹

Chapter 3
SOPHOMORE
AND MORE JINX

는 모습이 반복됐다. 베테랑 같은 기교를 지녔는데 힘이 너무 부족했다. 결과적으로 기교파도 아니고 파워 피처도 아닌 애매한 투수가 됐다.

5월 5일 전통의 두산과 어린이날 매치. 팀내 최연소 선발 투수인 임찬규는 이날 4.1이닝 3실점했다. 유독 큰 관심을 받는 경기임을 의식한 듯 마치 중간투수처럼 전력 투구에 임한 게 독이 됐다. 아무리 세게 던져도 패스트볼 구속은 145km/h 이하였고 제구는 흔들렸다. 기교파처럼 커브와 체인지업 위주로 던져도 볼넷. 임찬규는 5회초 이성열에게 볼넷을 범한 후 김기표와 교체됐다.

2012시즌 첫 5경기 성적은 0승 2패 평균자책점 6.53. 더 이상의 1군 선발 등판은 팀은 물론 임찬규 본인에게도 도움이 되지 않았다. 임찬규는 어린이날 경기 후 처음으로 2군행을 통보받았다. 지난해 모든 시간을 1군에서 보낸 임찬규에게 2군행은 낯설면서 다소 충격적인 일이었다.

2군에 있는 시간이 마냥 길지는 않았다. 이따금씩 1군에 올라와 불펜에서 대기했다. 하지만 꾸준히 로테이션을 도는 1군 선발 투수로 돌아오기에는 상당한 시간이 필요했다. 목표점인 토종 에이스급 선발 투수로 올라서기까지는 정말 무수히 많은 시간을 보내야 했다.

누군가의 부진은 또 다른 누군가에게 기회가 된다. LG는 임찬규 없이도 안정적으로 로테이션을 돌렸다. 마무리 투수로 고전한 리즈를 다시 선발 등판시켰다. 이승우, 최성훈 등 신예 좌투수들이 선발로 기대 이상의 활약을 펼치며 우려했던 것보다는 나은 선발진이 됐다. 유원상의 도약, 봉중근의 마무리 투수 연착륙으로 불펜은 몰라보게 향상됐다. 만장일치 꼴찌 후보였던 2012년의 LG는 6월 중순까지 5할 승률 이상을 올리며 순위 경쟁에 임했다.

임찬규는 2010년 8월 신인 드래프트 전후부터 2012년 5월초까지 약 2년 동안 스포트라이트를 한 몸에 받았다. 하지만 이후 길고 잔인한

야구
선수
**임
찬규**

성장통에 시달렸다. 2010년부터 2011년까지 2년을 "정말 행복했던 시간"이라고 돌아본 이유도 여기에 있다. 고교 시절 소원이었던 구속 향상과 LG 입단을 모두 이뤘다. LG 핀스트라이프 유니폼을 입고는 기대하지 않았던 첫 해 1군 풀타임을 경험했다. 단순히 경험에 그친 게 아닌 팀의 핵심 투수로서 맹활약을 펼쳤다.

영화 같은 일의 연속이었다. 하지만 영화의 막이 내리자 무겁고 잔인한 현실이 다가왔다. 1, 2군을 오가는 중간 투수로 전락한 임찬규는 팀의 포스트시즌 진출이 좌절된 후 다시 선발 등판 기회를 얻었다. 9월 27일 잠실 넥센전에서 5.2이닝 무실점으로 마침내 선발 첫 승을 올렸다. 10월 2일 잠실 삼성전에서 8.0이닝 2실점으로 고대했던 긴 이닝 소화도 이뤘다.

손에서 공을 놓지 않았다. 어떻게든 구속을 끌어올리기 위해 안간힘을 썼다. 허리 어깨 팔꿈치 통증을 겪으면서도 공을 던졌다. 2012시즌 선발 첫 승을 올리기까지 수차례 투구폼에 변화를 줬다. 뭘 해도 1년 전과 같은 빠른 공은 돌아오지 않았다.

첫 승 후 임찬규는 "구속이 줄어들어 굉장히 힘들었다. 구리에서 박석진 코치님과 구속을 되찾기 위해 안 해본 게 없었다. 폼도 여러 차례 바꿨다. 하지만 구속은 돌아오지 않았다. 아무리 세게 던져도 139km/h가 나오더라. 결국 변화구와 제구력을 연마하기로 했다. 이거라도 해야지 안 그러면 경기 운영이 안 됐다. 덕분에 변화구는 좀 좋아진 것 같다. 특히 체인지업은 자신감이 좀 생겼다"라고 쓴웃음을 지었다.

2012 정규시즌이 끝난 후 바쁜 비시즌을 보냈다. 일본 미야자키 교육리그에서 센트럴리그 우승팀 요미우리 자이언츠를 상대했다. 교육리그 다음은 진주 마무리캠프였다. 마무리 캠프를 앞두고 "기필코 구속을 되찾겠다"고 외쳤다. 1년 전 233% 인상된 8000만원이었던 연봉이 2013년을 앞두고는 5000만원으로 깎였다. 그래서 더 멈출 수 없

Chapter 3
SOPHOMORE
AND MORE JINX

63

야구
선수
**임
찬
규**

었다. 시즌 중에는 실전을 고려해 훈련량을 조절할 수밖에 없다. 캠프는 아니다. 원 없이 새로운 걸 시도하면서 훈련할 수 있다.

임찬규가 머릿속에 그린 해답은 증량이었다. 허리 통증으로 마무리 캠프를 완주하지 못하고 구리 재활조로 향했으나 곧바로 비활동기간 체크 리스트를 적었다.

12월말 임찬규는 "안 좋았던 허리는 다 나았다. 사실 계속 허리가 안 좋았다. 선발 등판 다음 날 너무 아파서 아예 훈련을 쉰 적도 있다"며 "몸이 강해야 강한 공을 던질 수 있다. 시즌 중에는 야구가 안 되면 스트레스를 심하게 받아서 76kg까지 빠졌다. 지금 84kg까지 나간다. 목표인 86kg가 얼마 남지 않았다. 강한 몸을 만들어서 내년에는 꼭 구속을 되찾겠다. 아무리 변화구가 좋아졌다고 해도 패스트볼이 살아야 변화구도 더 잘 통한다"고 목소리를 높였다.

2013년, 3년 차 시즌에 돌입했다. 캠프 불펜 피칭에서 확연히 달라진 모습을 확인할 수 있었다. 조금씩 내려가던 팔높이가 고교시절과 1년 차 시즌처럼 다시 올라갔다. "아직 폼이 완성된 것은 아니다. 차명석 코치님과 상의하면서 내게 가장 맞는 폼을 찾아가는 단계"라고 조심스럽게 말했지만 일단 130km/h대 패스트볼은 보이지 않았다. 2013년 첫 실전인 2월 11일 한신 타이거즈와 평가전에서 패스트볼 구속이 140km/h대에서 형성됐다.

2군행 아픔을 경험했다. 절실할 수밖에 없다. 3년째 스프링캠프. 자의로 늦은 밤에도 숙소 밖으로 나와 섀도 피칭에 임했다. 2012년 LG는 임찬규를 포함해 총 10명의 선발 투수가 마운드에 섰다. 그만큼 선발진이 약했다.

2013년은 달랐다. 리즈와 주키치 2명의 외국인 선발 투수 외에 우규민, 신정락 등이 로테이션 진입 유력 후보로 올라섰다. 해외파 류제국도 LG와 계약해 5월 1군 진입을 바라봤다.

Chapter 3
SOPHOMORE
AND MORE JINX

김기태 감독과 차명석 투수 코치도 2012년과는 다른 운영을 예고했다. LG 구단은 2013년을 모든 것을 쏟아붓는 '올인'의 해로 삼았다. 2012년은 이른바 빌드업 과정이었고 그래서 다양한 선수들에게 기회를 줬으나 2013년은 아니다. 충분히 준비됐고 상대를 꺾을 수 있는 선수만 1군 무대에 선다. 내부 경쟁에서 승리하지 못하면 2012년과 마찬가지로 2군행을 피할 수 없는 임찬규였다.

개막 로테이션 진입에는 성공했다. 하지만 외줄타기를 하듯 다시 불안했다. 첫 선발 등판인 4월 3일 목동 넥센전에서 3.0이닝 2실점. 4회부터 불펜 문이 열렸다. 4월 13일 대전 한화전에서 5.0이닝 1실점으로 선발승을 올리며 안도의 한 숨을 쉬었으나 이후 두 번의 선발 등판에서 5이닝을 채우지 못했다.

작년과 마찬가지로 투구 내용이 애매했다. 패스트볼 구속이 오르긴 했지만 신인 시절처럼 140km/h 중후반대는 아니었다. 변화구는 향상됐는데 그렇다고 변화구 하나로 타자를 요리할 정도의 정교함을 갖추지는 못했다.

결국 5월 3일 잠실 두산전이 2013시즌 마지막 선발 등판이 됐다. 임찬규가 기복을 보이는 사이 우규민과 신정락이 선발진에 고정됐다. 5월 19일 LG 데뷔전을 치른 류제국은 만원 관중 속에서 승리 투수가 됐다. 그렇게 임찬규는 1군 투수 엔트리 마지막 자리로 밀렸다. 선발 투수가 일찍 무너지거나, 점수차가 큰 상황에서 등판하는 추격조로 전락했다.

그렇게 내제된 시한 폭탄이 하나 둘 터졌다. 1년 차부터 아픈 것도 참고 던졌다. 못 던질 정도의 통증만 아니면 공을 꼭 붙잡았다. 이 과정에서 과부하가 찾아왔다. 성장판이 열린 채로 프로에 입단한 강속구 유망주의 몸은 이곳저곳이 엇나가고 틀어졌다.

심리적인 상처도 컸다. 3년 차까지 사실상 막내 구실을 했다. 2012, 2013년 입단 신인들은 간혹 1군에 왔다가 2군으로 내려갔다. 힘들 때

Chapter 3
SOPHOMORE
AND MORE JINX

마다 서로에게 힘이 됐던 동갑이자 입단 동기 유강남은 2012시즌이 끝나고 상무로 군입대했다.
 모두가 예민하고 날카로웠던 암흑기 시절의 LG다. 즉 어느 구단보다 질서와 규율이 강했다. 아이스박스 당번이자 물 당번인 임찬규는 늘 주위를 의식해야 했다. 마운드 위에서 부진해도 더그아웃에서는 늘 막내답게 분위기 메이커 역할을 도맡았다.
 5월 26일 잠실 SK전 승리 후 물벼락 사태가 그랬다. 임찬규는 수훈선수 인터뷰에 임한 정의윤을 향했다. 가득 찬 물통을 정의윤에게 뿌렸는데 의도와 달리 물벼락이 인터뷰를 진행한 아나운서에게 향했다. 아나운서는 물에 흠뻑 젖은 채 인터뷰를 진행해야 했다.
 임찬규는 바로 고개 숙였다. 김기태 감독과 이병규 주장도 정식으로 아나운서와 방송사에 사과 메시지를 전했다. 그라운드 위에서 패전 처리를 맡은 임찬규는 어쩌다가 한번 1군 마운드에 오르다가 2군으로 내려갔다. 한 번 길게 던지면 다음 날 마운드에 오를 수 없으니 1군 엔트리에서 제외됐다. 롱릴리프 투수라면 피할 수 없는 안타까운 현실이었다.
 모든 게 술술 잘 풀리다가 모든 게 꽉 막혔다. 아픈 몸을 참고 던졌음에도 넘을 수 없는 벽이 다가왔다. 정신적으로 더 이상 버티지 못하는 지점에 닿고 말았다.

 딱히 사춘기가 없었다. 학창 시절 야구하면서 힘들다고 생각한 적은 있지만 그렇다고 마냥 현실을 피하려고 한 적은 없었다. 처음으로 야구가 하기 싫었다. 모든 게 힘들고 어렵다고 느꼈다. 나도 모르게 방황했던 시기였다.

 아프다고 말하면 2군에 가니까 아프다고 말하지 못했다. 참고 던졌지만 아무리 참고 던져도 구속 회복이 안 됐다. 아빠가 아프

야구
선수
**임
찬규**

68

기 시작했던 시기도 그때였다. 집안도 그렇고 아빠도 편찮으시고 야구는 엉망이고...안 좋은 일만 계속 맞물려서 왔다.

김용일 수석 트레이닝 코치도 당시 방황했던 임찬규를 기억하고 있다.

찬규가 여러모로 참 힘들겠다는 생각이 들었다. 워낙 자유분방한 성격인데 구단이 정해놓은 틀에 억지로 맞춰 지냈다. 밖에서는 괜찮아 보였을지 몰라도 조용한 곳에서 보면 찬규가 많이 억눌려 있었다. 그래도 야구가 잘 됐을 때는 괜찮았는데 야구가 안 풀리다 보니 조금씩 엇나가더라.

트레이닝 코치로서 선수들에게 늘 당부하는 게 평소 생활 습관이다. 어쩌다가 음주는 할 수 있지만 술을 자주 마시는 것은 금해야 한다. 찬규가 3년 차였던 것 같다. 당시 방황하면서 술을 마시는 것을 알게 됐다. 그와 관련해 싫은 소리도 했던 기억이 난다.

찬규는 내게 아들 같은 선수다. 찬규 아버지와도 한 살 차이고 우리 아들도 찬규와 나이가 비슷하다. 그래서 혼내고 난 후에도 '야 임마. 내가 아무리 트레이닝 코치라고 해도 아무한테나 꼬치꼬치 캐물어서 뭐라고 하지는 않는다. 너는 아들 같으니까 하나라도 더 신경 쓰고 싶고 잘 됐으면 하는 마음이 크다'고 했던 기억이 난다. 찬규와는 늘 허심탄회하게 얘기한다. 소통이 잘 되는 선수 중 한 명이 찬규다.

덧붙여 김 코치는 다시는 임찬규와 같은 유망주 기용이 반복되면 안 된다고 힘줘 말했다.

Chapter 3
SOPHOMORE
AND MORE JINX

소포모어 징크스라는 말이 있지 않나. 내가 봤을 때 소포모어 징크스는 선수가 아닌 지도자들이 만들어 내는 것이다. 어릴 때부터 혹사를 시키니 그 다음에 잘하고 싶어도 잘할 수가 없다. 찬규도 신인 때 엄청난 혹사를 당했다. 지도자들이 미래를 보는 게 아닌 눈앞의 성적만 쫓았다. 당장의 성적을 빌미삼아 찬규처럼 어린 선수를 혹사시켰다. 고등학교 졸업하고 들어온 많은 선수들이 그렇지만 찬규도 성장기가 끝나지 않은 상황이었다. 성장기에 그렇게 보직을 바꾸면서 많이 던지면 후유증이 올 수밖에 없다. 2011년에 LG 중간 투수 중 많은 이닝을 던진 투수가 찬규였을 것이다. 지금은 그런 일이 일어나지 않는다. 하지만 당시에도 일어나서는 안 되는 일이었다.

3년 차 정도가 되면서 몸에 한계가 왔다. 그때 찬규가 팔꿈치 수술에 대한 고민도 했다. 하지만 수술을 하면 향후 몇 년간은 공을 던질 수 없게 되는 것 아닌가. 찬규 입장에서는 이에 대한 두려움이 컸던 것 같다. 더불어 수술 후 이전처럼 공을 던질 수 있을지, 팀이 계속 기다려줄지도 확신하지 못하는 것 같았다.

2012년과 2013년 1군 투수 코치였던 차명석 단장은 "지도자가 성적 내려고 선수를 망치는 경우가 정말 많다. 사실 지도자들도 뭐가 혹사인지, 어린 선수를 얼마나 더 쓰면 위험해지는 다 안다. 알면서도 성적을 내야 하니까 한다. 몰라서 못하는 사람은 없다. 찬규가 1년 차에 혹사당한 것. 모르는 사람은 아무도 없다. 멈춰야 했는데 멈추지 못한 것"이라며 "단장으로 부임한 후 정한 원칙 중에 하나가 신예 투수 기용이다. 기본적으로 만 22세까지는 조심해야 한다. LA 다저스 유망주 육성 프로토콜에도 명시된 부분이다. 마이너리그 투수들도 22세까지는 굉장

히 조심하며 기용한다"고 말했다.

2019년 차 단장이 부임한 후 LG는 신예 투수의 한 시즌 투구수와 이닝수. 경기당 투구수 등을 제한하고 있다. 2025년 신인 김종운과 박시원의 경우 퓨처스리그에서 선발 등판을 해도 경기당 투구수를 80개 이하로 제한한다.

임찬규가 안고 있던 시한 폭탄이 하나 둘 터진 상황에서 LG는 암흑기 탈출을 이뤘다. 2013년 10월 5일 정규시즌 마지막 경기인 잠실 두산전에서 극적인 역전승을 거두며 2위를 확정 지었다.

잠실구장 그라운드와 관중석이 온통 기쁨과 환희의 눈물바다가 됐다. 그러나 임찬규는 주역이 아니었다. 당시 1군 엔트리에 없었던 임찬규는 포스트시즌 엔트리에서도 제외됐다. 일찍이 시즌을 마치고 군입대를 계획했다. 2013년 12월 26일 논산훈련소에 입소한 후 경찰 야구단에서 군복무에 임했다.

2011~2013시즌 KBO 리그 개인 기록

시즌	평균자책점	경기	승	패	세이브	홀드	이닝	탈삼진	투구수
2011	4.46	65	9	6	7	0	82 2/3	62	1,537
2012	4.53	18	1	5	0	1	55 2/3	31	899
2013	4.70	17	1	1	0	0	44	45	793

군입대 후 터진 팔꿈치

야구
선수
**임
찬규**

경찰 야구단의 목표는 뚜렷하다. 무조건 우승이다. 그럴 수밖에 없다. 각 구단에서 가장 재능이 뛰어난 20대 초반 선수들을 선발한다. 1군 혹은 1.5군급 선수들이 한자리에 모여 퓨처스리그 정상을 바라본다.

실제로 경찰 야구단은 2011년부터 2018년까지 8시즌 중 7회 북부리그 우승을 차지했다. 남부리그 최강 상무와 함께 퓨처스리그 '양대 강호'였다. 그래서 경찰 야구단 선수들은 잘해야 한다. 단순히 군복무 기간 동안 야구를 하는 데에 만족해서는 안 된다. 2군 팀들과 경기에서 압도적인 퍼포먼스로 승리를 이끌어야 한다.

임찬규도 다르지 않았다. 경찰 야구단 선발 투수로서 등판할 때마다 이기는 흐름을 만드는 게 임무다. 임찬규 스스로도 경찰 야구단에서 보내는 2년을 반등의 발판으로 삼았다. 잃어버린 구속을 찾고 늘 과제로 꼽힌 체력도 향상시키는 것을 목표로 뒀다. 고교 선배이자 LG 선배 우규민이 경찰 야구단에서 보낸 2년을 통해 체인지업을 익히고 선발 투수 경험을 쌓은 것처럼, 자신도 몇 단계 성장하기를 바랐다. 실제로 우규민은 임찬규에게 "그냥 시간을 보내는 게 아니라 최소 하나라도 얻어서 와야 한다"라고 조언을 건넸다.

시작은 좋았다. 4월 한 달 동안 선발 등판과 불펜 등판을 번갈아 하면서 퓨처스리그 에이스로 자리매김했다. 2014년 4월 3일 KT와 경기에서 7.0이닝 2실점으로 승리 투수. 4월 9일 LG전에서는 6.1이닝 2실점 했다. 4월 17일 KIA전도 6.1이닝 2실점. 이날까지 두 번의 불펜 등판을 포함 5경기를 소화했고 평균자책점 2.91로 순항했다. 불과 몇 달 전까지 같은 유니폼을 입었던 LG 동료들을 상대하는 게 어색했지만 반가운 마음을 제쳐두고 임무를 마쳤다.

문제는 그 다음이었다. 어느 순간부터 이상하게 공에 힘이 붙지 않았다. 팔꿈치에 특별한 통증이 느껴지지는 않는데 날이 갈수록 눈에 띄게 구속이 떨어졌다. 140km/h를 상회했던 구속이 130km/h대, 그러다

Chapter 4
군입대 후
터진 팔꿈치

가 120km/h대까지 하락했다. 만 22세 선수가 중학교 시절 이후 최소 구속을 기록한 것이다.

그래도 일단 경기는 나갔다. 하지만 결과가 좋을 리 없었다. 선발 등판하면 4회를 채우기도 버거웠다. 아무리 2군이라고 해도 상대는 프로 선수다. 임찬규는 4월 30일 LG전에서 2.0이닝 6실점. 5월 4일 두산전에서 3.2이닝 9실점했다. 두 경기 총합 안타 16개를 맞았고, 16개의 안타 중 2개는 홈런이었다.

일단은 쉬어가기로 했다. 두 달가량 휴식과 훈련을 병행하면서 구속 회복에 집중했다. 그러나 이는 답이 아니었다. 7월 퓨처스리그 두 차례 불펜 등판에 임했는데 여전히 구속은 돌아오지 않았다.

고심 끝에 병원을 찾았다. 충격적인 결과와 마주했다. 오른쪽 팔꿈치 인대가 완전히 끊어진 상태였다. 병원에서는 바로 인대접합 수술을 권유했다. 2011년 단기간 혹사로 쌓이기 시작한 폭탄이 완전히 터졌다. 임찬규는 수술 전후 상황을 다음과 같이 회상했다.

정말 이상하게도 팔꿈치가 아프지 않았다. 심지어 수술하기 직전에도 통증이 없었다. 통증은 없는데 공이 나가지 않았다. 병원에서 검진 결과를 보고 너무 놀랐던 기억이 난다.

신인 때부터 쌓이고 쌓인 게 한 번에 터진 거라고 하더라. 관절 마디마디 성장판이 열린 상태로 프로에 입단해 쉬지 않고 공을 던졌다. 여기저기가 아팠지만 그래도 덜 아픈 방법을 찾으면서 공을 던지려 했다. 그 과정에서 허리부터 어깨, 팔꿈치, 손가락까지 이곳 저곳이 틀어졌다.

바로 수술하기로 했지만 솔직히 막막했다. '다시 공을 던질 수

야구
선수
**임
찬규**

80

Chapter 4
군입대 후
터진 팔꿈치

있을까?' 'LG로 돌아갈 수는 있을까?' '제대로 야구를 못하면 어떡하지?' 등의 두려움이 많았다. 수술하고 재활하면서 홀로 생각을 참 많이 했다.

2014년 7월 29일 야구를 시작한 후 처음으로 수술대에 올랐다. 오른쪽 팔꿈치 인대접합 수술과 함께 2014년 임찬규의 야구도 막을 내렸다.
다시 마운드에 오르기까지 일 년. 지금에 와서 돌아보면 짧은 시간일지 몰라도 당시에는 결코 짧지 않았다. 수술보다 재활이 중요하다. 재활을 이겨내야 제대로 마운드에 설 수 있다. 그런데 프로 구단이 아닌 경찰 야구단 소속이라 제약이 적지 않았다. 특별히 재활군으로 분류되지도 않았다. 그래도 임찬규는 당시 상황을 받아들였다. 경찰 야구단에 힘을 보태지 못한 점에 미안함부터 전했다.

가장 먼저 유승안 감독님께 죄송했다. 감독님께서 나를 뽑아주신 뜻이 분명히 있었을 텐데 수술로 인해 전혀 도움을 드리지 못했다. 솔직히 수술하고 돌아와서는 감독님께 아쉬운 마음도 있었다. 아프고 싶어서 아픈 게 아니고, 수술하고 싶어서 수술한 게 아닌데 감독님은 내가 팀에 돌아오자마자 나를 열외시키셨다. 그때부터 선수가 아닌 선수단 보조 역할을 맡기셨다. 청소, 설거지, 전광판 번호 갈아주기 등을 했다.

시간이 지나 감독님의 뜻을 알게 됐다. 감독님께서 큰 뜻이 있으시다는 것도 깨달았다. 프로 구단처럼 선수들이 훈련하고 경기할 때 나 혼자 재활을 하고 있으면 팀 분위기에 해가 됐을 것이다. 경찰 야구단도 군대다. 전우애가 있지 않나. 동료들에게 피해 주지 않고 어떻게든 도움을 주라는 뜻이었다. 감독님께서 선수단

일과가 끝나고 난 후 나 홀로 재활에 집중하게 해주셨다.

　임찬규가 없는 동안 LG는 변화의 소용돌이와 마주했다. 암흑기 탈출을 이룬 김기태 감독이 2014년 4월 23일 자진 사퇴했다. 지난해 정규시즌 2위팀이 최하위로 추락했고 김 감독은 "내가 물러나야 우리 팀이 반등할 수 있다"라며 스스로 지휘봉을 내려놓았다. 그렇게 임찬규에게 절대적 믿음을 보였던 김 감독과 차명석 투수 코치 모두 LG에서 떠났다. 차 코치는 2014시즌을 앞두고 핀스트라이프 유니폼을 벗었다.
　LG 구단은 5월 11일 양상문 감독을 선임했다. 당연히 양상문 감독도 임찬규의 수술을 알고 있었다. 해설위원으로서 고졸신인 임찬규의 활약상을 뚜렷하게 기억하고 있기에 임찬규의 회복과 성공적 재활을 바랐다.
　양 감독 선임 후 LG는 대반전을 이뤘다. 당시 9구단 체제 9위에서 한 계단씩 오르며 포스트시즌 진출에 성공했다. 정규시즌 마지막 날까지 4위 싸움을 벌였다가 경쟁팀 SK를 제치고 준플레이오프 무대에 섰다. 준플레이오프 상대인 NC에 업셋 승리에 성공했다. 플레이오프에서 넥센에 무릎 꿇었지만 12년 만의 포스트시즌 시리즈 승리를 맛봤다.
　재활에 임하던 임찬규는 LG 팬으로 돌아가 동료들을 응원했다. 그는 "경찰 야구단에서 재활하면서 LG 경기를 봤다. 원 소속 구단을 떠나 제3자의 시선으로 LG를 바라봤다. 그런데 3자가 아니라 그냥 팬이 되더라. 어린 시절 LG 팬이었을 때와 똑같았다. 그저 팬심으로 무한 응원했다"며 "한편으로는 정말 재활 잘하고 잘 준비해야 한다는 생각도 들었다. 그래야 팀에 도움이 될 수 있겠더라. 결국 내가 어떻게 하느냐에 달렸고 내가 못하면 끝이라고 생각하면서 재활했다"라고 당시를 돌아봤다.
　재활은 자기 자신과의 싸움이다. 이따금씩 영영 돌아오지 않을 것 같은 팔을 보며 좌절한다. 그래도 이내 마음을 다잡고 훈련해야 한다. 프

Chapter 4
군입대 후
터진 팔꿈치

로 구단이었다면 함께 재활에 임하는 동료들과 서로 위로하며 힘을 불어넣을 수 있지만 경찰 야구단에서는 그럴 수 없다.

솔직히 수술 후 아주 외로웠다. 초라한 느낌도 들었다. 그때마다 온라인을 통해 격려해준 팬분들이 큰 힘이 됐다. 수술 기사가 나왔을 때 댓글, 소셜미디어를 통해서 응원해주시는 목소리에 정말 큰 감사함을 느꼈다. 혼자 있지만 혼자 있는 게 아니라는 느낌, 가슴이 뜨거워지는 느낌이 들었다. 늘 팬분들께는 감사한 마음뿐인데 수술 후 재활할 때 특히 더 큰 감사함을 느꼈다.

일 년의 재활을 마치고 2015년 7월 14일 퓨처스리그 공식 경기에 임했다. 신기하게도 상대는 LG. 아웃카운트 하나만 잡았는데 승리 투수가 됐다. 첫 경기임에도 최고 구속 142km/h를 찍으며 청신호를 쏘는 듯했다.

그러나 결코 만만치 않았다. 일 년의 공백으로 투구 밸런스가 완전히 무너졌다. 승리는 첫 경기가 유일했고 이후 뒤죽박죽 밸런스 속에서 갈피를 잡지 못했다. 전역을 앞둔 경찰 야구단 2년 차 시즌. 임찬규는 8경기 5.2이닝을 소화하며 14실점했다.

임찬규는 수술 후 첫 경기에 대해 "기억이 안 날 수가 없다. LG전이었고 여름이라 야간 경기로 진행됐다. 짧게 던졌지만 구속도 잘 나와서 정말 기뻤다. 하지만 역시 재활이라는 게 만만치 않더라. 실전이든 훈련이든 좋았다가 나쁘고, 나쁘다가 좋았다. 다행히 다시 팔꿈치가 아프지는 않는데 투구 밸런스가 전혀 잡히지 않았다. 다시 투수를 배워야 하는 느낌이라고 해야 할까. 그동안 투수로서 쌓아왔던 게 나오지 않았다. 모든 걸 새로 다시 만들어야 한다는 생각이 들었다"라고 밝혔다.

임찬규가 전역을 앞둔 시점에서 LG는 리빌딩 버튼을 눌렀다. 10구단

Chapter 4
군입대 후
터진 팔꿈치

체제 첫 해인 2015시즌 9위로 추락했다. 전력의 핵심 구실을 했던 베테랑 선수들과 이별이 본격적으로 진행된 시기였다. 그렇게 내부 경쟁의 장이 열렸다. 예비역으로 다시 LG 유니폼을 입은 임찬규도 경쟁 무대에 뛰어들었다. 2015시즌 후 LG 소속으로 교육리그와 마무리 캠프에 임하면서 2016시즌을 응시했다.

2014~2015시즌 퓨처스리그 개인 기록

시즌	평균자책점	경기	승	패	세이브	홀드	이닝	탈삼진
2014	7.12	11	3	1	0	1	30.1	26
2015	22.24	8	1	0	0	0	5.2	8

선발 투수

군복무 후 LG에서의 첫 시즌 목표는 뚜렷했다. 다른 곳을 바라볼 필요도 없었다. 오직 선발진 진입만 노렸다. 2012년부터 2013년까지 2년 동안 제대로 이루지 못한 '선발 투수' 네 글자를 꼭 이름 앞에 새겨야 했다.

변하지 않으면 달성할 수 없는 목표임을 알고 있다. 그래서 스스로 변화를 꾀했다. 재활 기간은 물론, 재활이 끝난 후에도 웨이트 트레이닝을 멈추지 않았다. 궁극적으로 체력을 향상시키기 위해선 강한 몸을 만들어야 한다는 것을 깨달았다.

실제로 군복무 후 외형적으로 많이 달라진 게 한 눈에 들어왔다. 여전히 앳된 얼굴이지만, 체격이 부쩍 커졌다. 군복무 전에는 팀에서 가장 마른 투수로 꼽히곤 했다. 체력이 떨어지고 슬럼프까지 겹치면 몸무게가 70kg대까지 떨어졌다. 이제는 80kg 이상을 꾸준히 유지했다. 군대 가서 몸이 더 크는 경우가 있는데 임찬규가 그랬다. 뒷모습만 보면 다른 선수로 착각할 정도로 이제는 제법 프로 선수다운 체격을 갖췄다. 새롭게 선택한 등번호 '28번'이 더 낯설게 보였다.

가슴 깊이 품은 목표는 선발 투수 이상. LG 트윈스 에이스였다. 그러나 결코 서두르지 않을 것을 다짐했다. 무분별하게 던졌다가 수술대에 올랐던 지난 실수를 반복할 수 없었다. 임찬규는 물론 양상문 감독과 코칭스태프의 생각이기도 했다.

임찬규는 2016년 구단 시무식을 마치고 "후배들이 엄청 많아졌다. 적응이 안 될 정도다. 여기저기서 '찬규 형'이라고 부르거나 '선배님'이라고 한다. 이렇게 많은 후배들에게 인사를 받으니 너무 어색하다. 군대 가기 전처럼 물 당번은 안 해도 될 것 같다"라고 웃으며 "구단에서도 그렇고 나 또한 올해까지는 재활 시즌으로 봐야 한다고 생각한다. 그래서 일단 1군에서 빈 자리가 생기면 그 자리를 메우는 역할을 하고 싶다. 물론 당장 뛰어난 성적을 내고 싶지만, 그보다 하나씩 단계를 밟으며 길게 보겠다"고 각오를 다졌다.

야구
선수
**임
찬규**

 양상문 감독이 바라보는 임찬규의 목표점도 멀리 있었다. 양 감독은 "찬규가 선발 등판하는 시점은 시즌 중후반으로 보고 있다. 그 전에 선발 등판할 수도 있으나 서두르지는 않을 것"이라며 "올시즌까지 찬규는 조심스럽게 등판하는 게 맞다고 본다"라고 말했다.
 그러나 늘 계획대로 될 수 없다. 2016시즌 개막을 맞이하는 시점부터 선발진 초안이 무너졌다. 외국인 투수 2명에 류제국, 우규민. 그리고 선발로 돌아온 봉중근으로 5인 로테이션을 구성하는 게 청사진이었다.
 하지만 봉중근은 부상으로 개막 엔트리에 이름을 올리지 못했다. 최악은 외국인 투수였다. 헨리 소사와 짝을 이룰 또 한 명의 외국인 투수를 개막 후에도 확정하지 못하고 말았다.
 결국 선발진 두 자리가 공석이 된 상태로 새 시즌 출발선에 섰다. 상황이 이렇다 보니 급하게 선발진 빈자리를 메우게 됐다. 이준형과 임찬규가 그 임무를 맡았다. 임찬규는 4월 9일 문학 SK전에서 중간투수로 나와 4이닝 1실점했다. 그리고 4월 14일 잠실 롯데전 선발 등판했다. 2013년 5월 3일 이후 1076일 만의 1군 선발 등판이었다.
 계획을 갑자기 틀었는데 잘될 리가 없었다. 2.2이닝 동안 홈런 1개 포함 안타 8개를 맞으며 6실점. 상처만 남는 선발 등판이었다. 구위와 제구 모두 낙제점에 가까웠다. SK전과 롯데전이 너무 달랐다. 분명 같은 얼굴, 같은 유니폼을 입은 투수인데 투구 내용과 결과는 다른 사람 같았다.
 LG 마운드의 민낯이 드러난 순간이기도 했다. 너무 얕은 선발 뎁스가 구단 스스로 재활 시즌으로 지정한 투수를 무리해서 선발 등판시키고 말았다. 여전히 임찬규는 하루 하루 다른 투수인 상황이었다. 재활 시즌에 임하는 투수가 그렇듯 구위와 제구 기복이 극심했다. 거의 천 일 만의 1군에서 선발 투수 복귀전을 치른 임찬규는 다음날인 4월 15일 2군으로 내려갔다.

Chapter 5
선발 투수

2군은 바닥이 아니었다. 바닥 아래 지하까지 떨어졌다. 퓨처스리그 경기에서 그야말로 난타를 당했다. 퓨처스리그 4월 23일 두산전에서 5.0이닝 7안타(1홈런) 6실점. 일주일 후인 4월 30일 다시 두산과 만나 5.0이닝 15안타(1홈런) 13실점했다.

임찬규는 당시를 회상하며 "그야말로 박살이 났다. 정말 충격적으로 못했다. 야구 선수로서 자존심도 바닥 아래 지하 끝까지 추락했다. 셀수 없을 정도로 많은 안타를 맞았다. 정말 세게 던졌는데 체력이 바닥나서 그런지 구속이 130km/h대에 머물렀다. 야구를 시작한 초등학교 시절 이후 정말 최악의 경기를 했다"라고 고개 숙였다.

절망 그 자체였다. 절망과 동시에 누군가의 바짓가랑이라도 붙잡고 싶을 정도의 간절함도 느꼈다. 나름 웨이트 트레이닝하면서 근력을 키웠다고 생각했는데 여전히 체력이 부족했다. 구위와 구속도 전혀 돌아오지 않았다. 아무리 재활 시즌이라고 해도 이대로라면 2군에서 설 자리도 없었다.

절실한 마음으로 이상훈 코치를 찾아갔다. 당해 이 코치는 선수 시절이었던 2003년 이후 13년 만에 지도자로서 LG 유니폼을 입었다. 피칭 아카데미 초대 원장으로서 소수의 신예 투수들을 전담 마크했다.

임찬규의 요청을 받은 이 코치의 첫 대답은 '노'였다. 임찬규의 간절함은 이해했다. 더불어 임찬규가 이 상태로 실전을 소화하는 것은 무의미하다는 것도 알았다. 하지만 아무리 2군이라고 해도 규정이 있다. 피칭 아카데미와 2군은 뚜렷하게 구분된 상태였다. 즉 이 코치가 임찬규를 지도하는 것은 명백한 월권 행위였다. 임찬규는 2군 지도자의 지도를 받는 게 규정을 따르는 일이었다.

임찬규는 멈추지 않았다. 두 번째 요청도 거절당했지만 포기하지 않고 이 코치를 찾아갔다. 이 코치는 당시 상황을 다음과 같이 회상했다.

피칭 아카데미에 있는 투수들도 2군에서 실전을 치렀다. 당연히 내가 데리고 있는 투수들이니까 이들의 실전 모습을 유심히 봤다. 그 과정에서 찬규가 던지는 것도 봤다. 4월이었는데 선발 투수로 두 번인가 나오더라.

던지는 모습을 보니 누가 봐도 수술한 투수였다. 팔이 나오는 것부터 부자연스러웠다. 냉정히 보면 실전을 치르면 안 되는 상태였다. 구속도 133km/h에서 135km/h 정도밖에 안 나왔다. 물론 스피드가 전부는 아니지만 던지는 모습 자체가 실전에 들어가서는 안 되는 상황이었다.

이건 그냥 나 혼자 갖고 있던 생각이었다. 내가 찬규에 대해 그렇게 느낀다고 찬규에게 가서 직접 조언하는 건 철칙을 어기는 일이었다. 괜히 건드렸다가는 나도 찬규도 이상해지는 것이다.

그런데 찬규가 계속 찾아오더라. 처음 찾아오고, 두 번째 찾아왔는데 그 때까지는 그냥 흘려들었다. 안 된다고 하면서 돌려보냈다. 그러니까 세 번째로 또 찾아오더라. 그때 모습을 보니 정말 절실함이 느껴졌다. 던지면서 얼마나 답답했을지, 심리적으로는 얼마나 힘들었을지 이해는 됐다.

그래서 그냥 내가 진행하기로 했다. 뒤에서 따로 찬규와 만나서 하면 분명 또 이런저런 말이 나올 수밖에 없다. 조직이라는 게 그렇지 않나. 그래서 2군 전체 지도자 미팅 자리에서 얘기를 꺼냈다. 찬규가 나를 찾아왔다는 얘기는 뺐다. 내가 찬규가 던지는 것을 보면서 개인적으로 느낀 점들을 당시 2군 감독님과 코치님들

Chapter 5
선발 투수

에게 말했다.

'지금 경기 나가는 것은 아닌 것 같다. 일단 경기는 나가지 않고 내가 데리고 있으면 안 되겠나. 나도 찬규한테 한번 얘기를 해보겠다'고 말씀드렸다. 그랬더니 의외로 쉽게 그렇게 하라고 답이 오더라. 당시 2군 지도자들도 답답했는지 고맙다면서 흔쾌히 수락해줬다.

찬규한테는 '절대 네가 나를 먼저 찾아왔다고 하지 마라'고 했다. 더불어 '앞으로 입은 꾹 닫고 훈련만 엄청나게 해야 한다. 네가 나를 어떻게 생각하는지 모르겠지만, 나는 선수 시절 항상 훈련할 때는 가장 많이 했다. 당시 8개 구단 선수 중 누구보다 열심히 훈련했다고 자부한다. 너에게도 앞으로 그렇게 할 것이다. 그리고 너는 내가 1군에 올릴 때까지 절대 1군에 못 올라간다'고 확실히 말해뒀다.

진짜 '선발 투수' 임찬규의 첫 단추가 채워진 순간이었다. LG 트윈스 프랜차이즈 최고 선발 투수에게 간절하게 도움을 구한 결과, 투구시 팔 높이가 완전히 내려갔다. 이 코치의 지도를 통해 메이저리그 명예의 전당에 헌액된 투수 페드로 마르티네즈를 벤치마킹하게 됐다. 이는 지금의 임찬규를 만드는 시작점이었다.

찬규와 같이 캐치볼을 하는데 아무리 봐도 오버핸드는 아닌 것 같았다. 차라리 팔을 내려보는 게 어떨까 싶더라. 왠지 팔을 내려서 스리쿼터식으로 던지면 페드로랑 비슷할 것 같은 느낌이 들었다.

Chapter 5
선발 투수

물론 투수의 팔 높이를 수정하는 게 쉬운 결정은 아니다. 그리고 쉽게 할 수 있는 일도 아니다. 수십 년 동안 쌓인 습관이고 버릇인데 하루아침에 고쳐지지 않는다. 일단 극단적으로 사이드로 던지라고 했다. 오버핸드로 던지는 투수한테 사이드로 던지라고 하면 스리쿼터가 된다. 의식적으로 팔을 내리려고 해도 그렇게 많이 내려가지 않는다. 찬규한테 사이드로 던지라고 시켜보니까 자연스럽게 스리쿼터로 팔이 나오더라. 그래서 '됐다' 싶었다.

자연스럽게 스리쿼터로 팔이 나오는 것을 확인하고 찬규한테 '너 페드로 마르티네즈 아냐?'라고 물으니 안다고 하더라. '앞으로 투구에 대해 내가 더 가르칠 것은 없다. 앞으로 그냥 페드로 영상을 좀 봐라'고 했다. 찬규와 훈련하면서 느낀 점은 찬규가 참 머리가 좋다는 것, 그리고 응용력이 정말 뛰어나다는 것이었다. 하나를 가르치면 3개를 캐치하는 선수가 찬규였다. 이런 선수한테는 하나하나 귀찮게 가르칠 필요가 없다. 그냥 제대로 된 거 하나 전달해주면 빠르게 실력이 는다.

투구에 대해 크게 전달한 것은 그게 다였다. 그리고 훈련을 엄청나게 했다. 투구폼이 완전히 몸에 익어야 하니까 14m 캐치볼 기초부터 하나씩 진행했다. 당시 찬규가 바닥을 찍고 간절한 마음으로 찾아왔기 때문에 처음부터 다시 할 수 있었다. 훈련량도 정말 많았는데 어떻게 다 쫓아오더라.

사실 쉬운 일은 아니었다. 찬규가 연차가 있어서 이천에서 숙박할 수 없었다. 매일 잠실에서 버스 타서 이천에 오고. 이천에서 훈련 다하면 다시 버스 타고 잠실로 가야 했다. 그래서 이탈하는 날도 줬다. 찬규한테 '너 힘든 거 안다. 너무 힘들어서 아침에 일어날 수 없는 날도 올 것이다. 그럴 때는 그냥 이천에 오지 마라. 이천에 오지 말고 하루 쉬어라. 대신 꼭 나한테 전화만 해라. 내가 알아서 하겠다'고 했다. 실제로 딱 한 번 전화가 왔다. 괜히 늦게 와서 지각했다는 소리 듣지 말고 그냥 하루 푹 쉬라고 했다.

보고 듣고 움직였다. 임찬규는 수없이 페드로 마르티네즈의 영상을 찾아봤다. 스스로에게 주문을 걸면서 페드로처럼 던지는 데에 총력을 다했다. 마침 페드로와 갖고 있는 구종도 비슷했다. 체인지업이 확실한 결정구로 자리매김한 시점도 이때부터였다.

그렇게 기적이 일어났다. 거짓말처럼 다시 패스트볼 구속이 140km/h대로 돌아왔다. 무너졌던 투구 밸런스가 팔을 내리면서 자리잡혔다. 마냥 낯설 줄 알았던 스리쿼터 팔높이였는데 막상 해보니 빠르게 적응이 됐다.

임찬규는 "처음 투수를 할 때부터 오버핸드 정통파 투수에 대한 자존심이 강했다. 그 자존심을 포기하지 않고 끝까지 지키고 싶었다. 하지만 이상훈 코치님께서 '내가 아무거나 시키는 거 아니다. 아니면 말고 하는 식으로 시키는 게 아니라 내가 생각이 있어서 시키는 거다. 한 번 믿고 따라와라'고 하셨다"라며 절실하게 이 코치와 함께한 시간을 돌아봤다.

이어 임찬규는 "정말 신기했다. 팔을 내렸는데 오히려 공에 힘이 붙었다. 솔직히 말하면 그동안 많은 코치님들께서 오버핸드 투구폼을 지적하셨다. 팔을 내리고 결과가 나오는 걸 보니 '이유가 있구나'라고 느꼈다. 높은 타점을 고집하면서 투구시 상체가 찌그러지듯 무너지곤 했다. 제구가 안 되면서 공에 힘도 안 붙었다. 내가 괜한 고집을 부리고 있었다는 것을 깨달았다"라고 털어놓았다.

대반전이 시작됐다. 워낙 큰 변화였기에 기복을 피할 수는 없었다. 퓨

야구
선수
**임
찬규**

처스리그에서 5이닝 이상 2실점 이하를 반복하다가도 3이닝 8실점으로 크게 무너졌다. 그래도 분명한 점은 시간이 흐를수록 점점 더 안정된 밸런스로 강한 공을 던졌다는 것이다.

 그러다가 변수가 발생했다. 이 코치는 임찬규와 훈련과 적응 기간 일 년을 고스란히 보내기로 약속했다. 1군으로 올라가는 시점도 2016시즌이 아닌 2017시즌이었다. 그러나 예상치 못한 장소에서 치른 실전이 스포츠 채널과 인터넷을 통해 생중계됐다.

 2016년 7월 18일 강원도 춘천 송암 야구장에서 열린 LG와 KT의 퓨처스리그 경기였다. 이날 야간 경기에서 임찬규는 6이닝 무실점으로 맹활약을 펼쳤다.

 이 코치는 "춘천에서 하는 경기를 중계할 것이라고는 생각도 못했다. 그런데 나중에 알고 보니 춘천 경기는 생중계가 들어가더라. 게다가 하필이면 이 경기를 1군에서 다 봤다고 하더라"며 "1군도 찬규가 4월에 2군에서 130km/h대를 던질 것을 알고 있었을 것이다. 그런데 춘천에서 얘가 143km/h를 던졌다. 140km/h 이상도 꽤 많이 나왔다. 춘천 경기가 끝나고 바로 1군에서 찬규를 올리라고 연락이 왔다"라고 당황했던 순간을 회상했다.

 시간이 더 필요하다고 봤다. 이 코치는 "1군에서 부르는데 거절할 수가 없지 않나. 아쉽지만 어쩔 수 없는 일이었다. 어쩔 수 없는데 아쉽긴 아쉽더라. 당시 찬규는 체력이 다 올라오지 못한 상태였다. 1군에 올라가서도 이닝을 그렇게 길게 소화하지 못했다. 아마 6회를 다 채운 경기가 없었을 것"이라고 아쉬움을 드러냈다.

 임찬규는 신인 시절 이후 5년 만에 다시 1군 구세주가 됐다. 춘천 경기로부터 11일 후에 열린 7월 29일 1군 경기 마산 NC전에서 5.0이닝 1실점으로 맹활약했다. 당시 리그 최강 타선으로 꼽혔던 NC를 상대로 안타 3개만 허용했고 LG는 2-1로 승리했다. 다음 경기는 1위팀인 두산전. 두산을 상대로도 5.2이닝 3실점으로 임무를 완수했다. LG도 6-5로 이겼다. 페드로처럼 진화한 '임드로'가 널리 알려졌다.

이 코치는 "찬규가 1군으로 올라가서 잘 던진 후 나에 대한 얘기를 많이 했더라. 고마움의 표시이기는 한데 찬규는 나와 만나지 않았어도 언젠가는 잘 됐을 것"이라면서 "투수가 뭘 해도 안 되는 시기가 오기 마련이다. 속된 말로 '쪼당' 걸렸다고 하는데 '쪼당' 걸린 상태에서 자기 것만 계속하면 더 악화된다. 그때 바꿔서 가다 보면 자연스럽게 잘 풀어진다. 풀어지면서 파워가 더 나오게 되는데 찬규는 그때 딱 그런 변화가 왔다고 볼 수 있을 것 같다"라고 설명했다.

그렇게 오버핸드 투수 임찬규는 막을 내렸다. 이후 스리쿼터에서 조금씩 팔이 올라가기는 했으나 이 코치와 만남 이후 임찬규는 오버핸드 정통파와 완전히 이별했다. 1군 경기 기준으로 머리 위에서 공을 내리꽂는 임찬규의 모습을 보려면 2016년 4월로 돌아가야 한다.

달라진 건 투구폼만은 아니었다. 이천에서 훈련하면서 체격이 더 커졌다. 체중이 80kg대를 넘어 90kg대를 돌파했다. 이 코치, 트레이닝 코치들과 잔인한 특훈을 통해 강한 힘을 갖췄다.

임찬규는 "웨이트를 통해 얼마나 좋아질 수 있을지 반신반의했다. 군대에서도 웨이트를 했고 체중을 늘렸으니까 여기서 더 늘리는 게 맞나 싶기도 했다. 그런데 늘리면 늘릴수록 효과가 있더라. 점점 공에 힘이 붙었다. 상대 타자가 패스트볼 타이밍에 쳤는데도 파울이 나는 것을 보고 확신이 생겼다"라며 "체력도 확실히 좋아졌다. 예전에는 3회만 넘어가면 구속이 130km/h대로 떨어졌다. 선발 등판 후에도 지친다는 느낌이 확실히 덜하다. 몸무게가 빠질 때는 하염없이 빠졌는데 이제는 아무리 빠져도 80kg 중반대다. 공에 힘이 생기고 자신이 있으니까 투구 템포를 빠르게 간다. 경기 운영도 쓸데없이 복잡하기 보다는 단순하고 편하게 가고 있다"라고 강한 자신감을 드러냈다.

LG는 임찬규가 일어서며 선발진 안정을 이뤘다. 개막 3주차에 첫 경기를 뛴 외국인 투수 스캇 코프랜드는 고전하다가 방출됐지만 대체자 데이비드 허프가 에이스로 활약했다. 허프-소사-류제국-우규민에 임찬규와 이준형, 봉중근 등이 마지막 5선발 자리를 나눠 맡았다. 임찬규는 부쩍 커진 몸과 크게 바뀐 투구폼에 적응기가 필요했고 모든 선발 등판에서 활약하지는 못했다. 그래도 LG는 후반기 질주에 성공했다.
	2016년 8월 3일 잠실 두산전부터 12일 잠실 NC전까지 9연승. 류제국을 시작으로 임찬규, 소사, 우규민, 허프 순서로 로테이션이 한바퀴 이상 돌며 가파른 상승곡선을 그렸다. 당시 우규민은 "LG 야구는 끝까지 모른다. 시즌이 끝날 때 우리는 더 높은 곳에 있을 수 있다"며 "모두 우리 팀을 잘 지켜봐야 할 것이다. 개인적으로 2013년 연속 위닝시리즈를 했을 때 느낌이 난다. 그만큼 투타 밸런스가 잘 맞고 팀 분위기도 좋다. 다들 자신감을 갖고 있다"라고 가을 야구 재진입을 바라봤다.
	임찬규 개인의 승리도 찾아왔다. 8월 16일 잠실 SK전에서 무려 1221일 만의 승리 투수가 됐다. 군복무 기간이 있지만 2013년 4월 13일 대전 한화전 이후 첫 승. 오랜만에 승리 투수가 되니 금방 다음 승리가 찾아왔다. 8월 27일 잠실 KT전에서 5.1이닝 1실점으로 시즌 2승째를 거뒀다. 이 코치가 전한 아쉬움처럼 6이닝을 채우지는 못했고, 퀄리티스타트도 이루지 못했지만 5선발로서 역할은 다했다.
	자신의 색깔이 정립되면서 어느 상황에서든 대처가 됐다. 단순하게 구속만 신경 쓰면서 힘을 쥐어짜다가 깊은 늪에 빠졌던 모습과 완전히 이별했다. 패스트볼과 커브, 체인지업 세 가지 구종을 영리하게 배합했다. 신인 때처럼 150km/h 패스트볼이 아니더라도 패스트볼 구속은 140km/h대로 유지하며 체인지업과 커브를 살렸다.
	임찬규보다 일 년 먼저 전역한 유강남도 임찬규처럼 꾸준히 자신의 비중을 키웠다. 다시 임찬규의 전담 포수가 됐고 입단 동기 둘은 늘 경기 전 머리를 맞댔다. 유강남은 "예전의 찬규와 지금의 찬규는 완전히 다른 투수다. 지금 찬규가 훨씬 안정감이 있다고 본다. 기복이 많이 줄면서 5회까지 버텨주는 선발 투수가 됐다"라고 말했다.

LG는 전반기보다 빼어난 후반기를 보냈다. 2016시즌 전반기 성적은 34승 45패 1무로 리그 8위. 올스타 브레이크 기간까지만 해도 2년 연속 포스트시즌 진출 실패가 기정사실로 보였으나 후반기 37승 26패 1무로 고공 행진을 이뤘다. 후반기 성적 2위. 최종 성적 71승 71패 2무로 5할을 맞춘 채 4위를 확정 지었다.

10월 8일 정규시즌 최종전. 4위가 확정된 상황에서 임찬규가 기대한 순간이 찾아왔다. 이날 LG는 1990년대 검정색 원정 유니폼을 착용했다. 그리고 시구자로 90년대 에이스로 활약한 이상훈 코치를 선정했다.

선발 투수는 임찬규. 불펜 문이 열렸고 이 코치는 현역 시절처럼 전력 질주해 마운드에 섰다. 그리고 빠르고 강렬하게 시구를 마쳤다. 그 어떤 시구보다 가슴 속에 큰 울림을 선사했다. 이는 같이 마운드에 선 임찬규도 마찬가지였다. 둘은 더할 나위 없이 뜨겁게 포옹했다.

임찬규는 "코치님만이 갖고 계신 기가 있다. 절망에 빠지고 나락으로 떨어졌을 때 코치님의 기가 나를 살렸다"면서 "마운드를 향해 뛰어오시는데 소름이 돋더라. 초등학교 때 내가 정말 좋아했던 LG 트윈스 에이스 이상훈의 모습이었다. 내가 선발 투수인데 시구자인 코치님에게 압도당하는 것 같았다"라고 웃었다. 임찬규는 핸드폰에 이 코치를 '뜨거운 분'으로 저장했다고 밝힌 바 있다.

LG의 가을도 뜨거웠다. KIA를 상대한 와일드 카드 결정전은 역사에 남을 명승부였다. LG는 2차전 김용의의 끝내기 희생플라이로 준플레이오프 시리즈로 올라갔다. 준플레이오프에서는 3위 넥센에 시리즈 전적 3승 1패 업셋을 이뤘다.

Chapter 5
선발 투수

 NC와의 플레이오프에서 1승 3패로 물러나며 한국시리즈 진출은 이루지 못했으나 여러모로 큰 의미를 부여할 수 있는 2016시즌이었다. 자신의 모든 것을 뜯어 고치며 선발 투수로 일어선 임찬규에게도 마찬가지였다. 5선발이기 때문에 포스트시즌 무대는 10월 25일 플레이오프 4차전 0.2이닝 소화가 전부였다. 그래도 희망과 용기를 품고 그다음을 기대하기에 충분했다.
 양상문 감독은 "투수가 단기간에 투구폼을 바꾸고 증량까지 하는 것은 절대 쉽지 않은 일이다. 찬규가 짧은 시간에 이를 해냈고 팀에 도움을 줬다. 자신이 갈 길을 알게 된 만큼 꾸준히 발전할 것으로 생각한다. 구속도 조금씩 오르고 있는데 찬규는 145km/h만 나와도 충분하다. 변화구가 워낙 좋기 때문에 신인 시절 같은 공을 던지지 않아도 선발 투수로 활약할 수 있다"고 임찬규의 밝은 미래를 전망했다.
 LG 구단도 임찬규의 사례를 육성 프로그램에 적극 적용했다. 투수 웨이트 트레이닝의 중요성을 인지하면서 신예 선수들로 하여금 지나친 실전보다는 웨이트를 통한 기초 체력과 근력 증진에 주력했다.
 임찬규는 시즌이 끝났지만 역시나 쉬지 않고 마무리 캠프에 돌입했다. 일본 고치에서 열리는 11월 마무리 캠프에 참가해 시즌 때처럼 루틴을 이어갔다. 당시 강상수 투수코치는 "이미 시즌 중에 찬규와 마무리 캠프까지 소화하기로 했다. 그동안 만들어 놓은 훈련 과정을 마무리 캠프를 통해 완전히 잡아놓을 것이다. 찬규가 내년 시즌에는 더 중요한 역할을 맡을 수 있게 준비 잘 할 것"이라고 밝혔다.
 LG와 임찬규 모두 밝은 미래를 그렸다. 임찬규를 포함한 20대 선수들이 가파른 성장세를 보인 2016시즌이었다. LG 구단 내부적으로도 전력 강화를 통한 '꾸준한 강팀'을 내다봤다.
 LG가 오랜만에 FA 시장 큰 손이 됐다. 투수 최대어인 차우찬을 영입했다. 허프-소사-차우찬-류제국으로 이어지는 상위 선발 라인을 구축

했다. 마지막 한자리 주인공은 이미 임찬규로 낙점됐다. 임찬규는 우규민이 삼성으로 이적함에 따라 우규민으로부터 등번호 1번을 물려 받았다. 2011년 이후 6년 만에 다시 1번을 등에 새겼다.

배움에는 끝이 없다. 임찬규가 그렇다. 지도자든 선수든 가리지 않고 작은 것 하나라도 배우려 한다. 차우찬의 LG 입단은 임찬규에게 있어 또 한 명의 선생님을 맞이하는 것이었다. 이전부터 알고 지냈는데 이제는 같은 유니폼을 입게 됐다. 예상한 대로 부지런히 차우찬을 괴롭혔다.

밖에서 보는 것과 안에서 보는 것은 다르다. 임찬규에게는 차우찬이 그랬다. 같은 선발 투수로서 배울 게 생각했던 것 이상으로 많았다.

우찬이 형을 보면서 야구 선수라면, 그리고 선발 투수라면 어떻게 생활해야 하는지 알게 됐다. 우찬이 형은 모든 것을 야구에 맞춰 놓고 살더라. 훈련 시간뿐만이 아니라 일상 생활도 야구였다. 야구를 잘할 수밖에 없는 생활 패턴이었다.

비시즌의 경우, 나는 야구와 일상 생활을 떼어놓곤 했다. 비시즌에도 훈련을 했지만 훈련 시간과 그 외에 시간을 나눠서 보냈다. 우찬이 형은 비시즌에도 중심이 야구였다.

우찬이 형이 LG에 왔을 때 어떻게 하면 그렇게 많은 경기와 이닝을 소화할 수 있는지 궁금했다. 우찬이 형의 내구성을 배우려 했다. 계속 우찬이 형을 따라다녔다. 우찬이 형 입장에서도 LG에 적응하는 데 있어 내가 도움이 될 수 있으니까. 같이 밥도 먹고 훈련하면서 거의 붙어 지냈다.

LG 유니폼을 입은 차우찬에게 이 얘기를 전했더니 차우찬의 답변이

Chapter 5
선발 투수

109

묵직하게 돌아왔다. 차우찬은 "찬규와 같이 지내보니 이건 좀 아닌 거 같은 게 있었다. 찬규는 놀 때는 그냥 막 놀더라"고 웃으며 "놀더라도, 쉬더라도 그 다음에 훈련이 있다는 것을 늘 염두에 두어야 한다. 찬규에게 이 부분을 강조했던 기억이 난다"라고 했다.

선발 투수의 첫 번째 덕목은 '이닝'이다. 선발 투수의 호투가 무조건 팀 승리로 이어지지는 않지만, 선발 투수가 긴 이닝을 소화하면 최소한 불펜진의 부담은 줄일 수 있다.

임찬규도 경험을 통해 이를 체득했다. 그는 "추격조도 하고 롱릴리프도 했다. 그때 느낀 게 있다. 선발 투수가 1, 2이닝 던지고 내려가면 롱릴리프가 나온다. 롱릴리프는 3, 4이닝 정도 던지면 다음날 2군으로 내려간다. 다음날 던질 수 없으니까 팀 입장에서는 이 투수를 2군으로 내릴 수밖에 없다. 즉 선발 투수의 조기 강판이 다른 투수의 2군행을 만든다. 보통 후배 투수가 이렇게 된다. 선발 투수라면 당연히 우찬이형 같은 이닝 이터가 돼야 한다"라고 목소리를 높였다.

2017년 임찬규가 바라보는 지점도 여기에 있었다. 5선발이지만 5선발 중 가장 많은 경기와 이닝을 소화하는 것을 목표로 삼았다. 긴 이닝을 추구하면 승리와 낮은 평균자책점은 따라올 것으로 봤다. 그리고 과거의 자신처럼 어쩔 수 없이 2군으로 내려가는 후배 투수도 없다고 생각했다.

다짐했던 모습이 빠르게 나왔다. 2017시즌 네 번째 선발 등판인 4월 27일. 잠실 SK전에서 7.1이닝 무실점으로 만점에 가까운 호투를 펼쳤다. 2012년 10월 2일 잠실 삼성전 8.0이닝 이후 최다 이닝. 투구수도 당시 107구 다음으로 많은 101개였다. '이닝 이터' 차우찬처럼 100개 이상을 던지며 경기 후반까지 마운드에 섰다.

이후 한 달 동안 무섭게 질주했다. 5월 네 차례 선발 등판에서 모두 6.0이닝 이상을 던졌다. 짠물 피칭도 펼쳤다. 5월 총 25.2이닝을 소화하면서 자책점은 단 3점뿐이었다. 당연히 승리도 따라왔다. 5월 4경기에서 4승을 올렸다. 평균자책점은 1.36. 5월 27일 기준 0.2이닝 차이로 규정 이닝을 채우지 못했으나 40이닝 이상을 소화한 투수 중에서 평균자책점 리그 1위였다.

만일 임찬규가 5선발이 아니었다면 이미 규정 이닝을 채우고 평균자책점 상위권에 이름을 올렸을 것이다. 5선발이기 때문에 선발 등판일에 비가 와서 경기가 취소되면 등판 일정도 한참 뒤로 넘어갔다. 예상치 못한 허프의 부상 이탈로 꽤 많이 선발 등판한 임찬규였지만 그 앞에는 소사, 차우찬, 류제국이 있었다.

임찬규는 아쉬움보다 놀라움과 기쁨이 더 크다고 했다. 그는 "솔직히 이게 실화인가, 정말 내 기록인가 싶다"라고 자신의 1점대 평균자책점을 즐겁게 바라봤다. 덧붙여 "좋을 때 계속 잘해야 한다. 한 시즌을 치르다 보면 난타당하는 날도 온다. 길게 보겠다. 컨디션이 좋을 때 많은 이닝을 소화하고 점수도 덜 주면 못했을 때 기록도 어느정도 상쇄될 것"이라고 시즌 완주를 강조했다.

6월 들어 주춤했지만 잠시나마 평균자책점 최상위권에 이름을 올렸다. 6월 13일 기준. 임찬규는 60.1이닝을 소화하면서 평균자책점 2.09로 이 부문 리그 3위에 올랐다. 임찬규도 기쁨을 감추지 못하며 당시 순위표를 캡쳐해 휴대폰에 간직했다.

수준급 선발 투수의 길이 완전히 열리지는 않았다. 본격적인 무더위가 찾아오는 시점에서 급격히 하향곡선을 그렸다. 선발 투수로서 한 시즌을 완주하는 게 얼마나 어려운 일인지 뼈저리게 느낀 시기였다.

양상문 감독은 "찬규가 시즌 초반보다 구위와 제구 모두에서 애를 먹고 있다. 상대 타자들 눈에 익숙해진 부분도 분명 있을 것이다. 그래도 찬규를 선발 로테이션에서 뺄 생각은 없다. 이것도 경험이다. 경험하면서 이겨내야 한다"라고 밝혔다.

야구
선수
**임
찬규**

	팀이 마운드에 의존하는 상황도 투수를 어렵게 만들었다. 2017년 LG의 가장 큰 문제는 타격이었다. 2016년 성장세를 보였던 젊은 타자들이 어려움을 겪었다. 저득점 경기가 반복되면서 투수들은 최소 실점에 대한 부담을 크게 느꼈다. 안 맞으려 하다가 오히려 빅이닝을 내주는 악순환이 반복됐다.
	양 감독은 8월 중순 임찬규를 엔트리에서 제외했다. 의도적으로 휴식과 재충전의 시간을 부여했다. 8월 23일 13일 만에 다시 1군 무대에 선 임찬규는 잠실 NC전에서 5.2이닝 2실점으로 팀 승리를 이끌었다.
	그러나 타격은 끝까지 반등하지 못했다. 시즌 종료까지 약 한 달이 남은 9월 9일 LG는 포스트시즌 막차인 5위였다. 시즌 전적 63승 59패 3무로 승률도 5할을 넘겼다. 시즌 종료까지 LG 타선은 여전히 하위권에 머물렀다. 시즌 마지막 20경기에서 팀 타율 0.272. 팀 OPS(출루율+장타율) 0.739로 두 부문에서 모두 9위. 리그에 3할 타자가 무려 32명, OPS 0.800 이상인 타자가 36명인 타고투저 시즌에서 LG 타선은 박용택 홀로 고군분투했다.
	결국 당해 성적 69승 72패 3무. 6위로 포스트시즌 막차를 떠나보냈다. 임찬규는 출전한 27경기 중 26경기에 선발 등판해 124.1이닝을 소화했다. 규정 이닝(144이닝)에 닿지 못했다. 그래도 처음으로 100이닝 이상을 던졌다. 평균자책점은 4.63. 100이닝 이상을 소화한 투수 중 30위였다. 만족할 수는 없지만 5선발로서 나름 임무를 수행한 시즌이었다. 무엇보다 임찬규 이름 앞에 '선발 투수' 네 글자가 더 이상 어색하게 다가오지 않았다.
	임찬규는 2017시즌을 마무리하며 "만족할 수는 없지만 프로 입단 후 가장 많이 선발 등판하면서 그만큼 많이 배웠다. 우찬이 형을 통해 어떻게 해야 로테이션을 꾸준히 돌면서 이닝을 길게 가져갈 수 있는지. 완벽하지는 않지만 많이 느꼈다. 볼 배합에 대해서도 알게 된 게 많다. 나는

야구
선수
**임
찬규**

116

구종 선택이 중요한 투수니까 내가 이 부분을 챙기는 게 맞다고 생각해왔다. 하지만 나보다 포수가 객관적인 시선으로 경기를 바라본다. 어느 순간부터 강남이의 사인을 따르는 게 무조건 옳다는 생각이 들었다. 그때부터 나는 '유강남의 리모콘'이라는 마음을 먹고 던졌다. 결과도 훨씬 좋았다"라고 한 해를 곱씹었다.

세부적으로 의미를 부여할 수 있는 지표도 있었다. 9이닝당 삼진 8.18개로 수준급 삼진 기록을 올렸다. 100이닝 이상을 소화한 투수 기준 이 부문 7위였다. 150km/h 강속구는 과거에 묻어뒀는데 삼진으로 경기를 운영하는 투수로 거듭났다. 9월 15일 수원 KT전에서는 10개의 탈삼진을 기록하며 데뷔 후 처음으로 두 자릿수 삼진을 올렸다.

150km/h를 던지지 못해도 140km/h를 150km/h처럼 보이게 만드는 법이 있는 것 같다. 커브와 체인지업을 꾸준히 가다듬으면 가능하지 않을까. 커브 후 패스트볼, 패스트볼 후 체인지업, 때로는 체인지업 후 다시 체인지업 등 여러 가지 볼 배합을 강남이와 얘기한다. 변화구로 느리게 가다가 예상치 못하게 패스트볼을 던지면 삼진수는 강속구 투수처럼 나올 수 있다. 올해는 이 부분에 대한 즐거움과 희망을 봤다.

2016~2017시즌 KBO 리그 개인 기록

시즌	평균자책점	경기	승	패	세이브	홀드	이닝	탈삼진	투구수
2016	6.51	15	3	3	0	1	47	38	880
2017	4.63	27	6	10	0	0	124 1/3	113	2,130

chapter 6

마음만은
빅 게임 피처

야구
선수
**임
찬규**

2018시즌 시작부터 중책을 맡았다. 캠프 시작점에서는 5선발 후보였는데 사실상 3, 4선발로 페넌트레이스 출발선에 섰다. 당시 선발진 초안은 타일러 윌슨-헨리 소사-차우찬-류제국까지 4선발. 5선발 자리를 두고 임찬규 김대현 임지섭의 경쟁 구도였다.

하지만 차우찬은 지난해 팔꿈치 이상에도 투구를 강행한 만큼 천천히 페이스를 올려야 했다. 류제국은 캠프 막바지 청백전을 치르다가 허리 통증으로 이탈했다. 차우찬은 개막 일주일이 지난 시점부터 로테이션에 합류했지만 류제국은 상태가 심각했다. 재활로 복귀를 바라봤으나 상태가 악화됐고 8월 허리 디스크 수술을 받으며 시즌 아웃됐다.

LG를 향한 시즌 전 기대는 2017년과 마찬가지로 하늘을 찔렀다. 타선 강화를 위해 FA 최대어 김현수를 영입했다. 2년 동안 메이저리그에서 뛰었던 김현수가 한국으로 돌아오자, LG는 큰 손으로 김현수에게 다가갔다. 김현수 영입에 앞서 삼성에서 5회 연속 정규시즌 우승, 4회 연속 통합 우승을 달성한 류중일 감독에게 지휘봉을 건넸다. 김현수는 빅리그 진출 이전인 2015년 한국시리즈 우승을 이룬 바 있다. 두 우승 청부사가 LG의 황금기를 열 것 같았다.

그런데 선발진 이탈로 먹구름이 찾아왔다. 시즌 첫 3경기도 우려한 대로 선발 투수 대결에서 밀려 개막 3연패에 빠졌다. 임찬규가 흐름을 바꿨다. 2018시즌 네 번째 경기인 3월 28일 고척 넥센전에서 5.1이닝 3실점으로 상대 선발 투수 신재영에게 우위를 점했다. 신재영은 3.2이닝 7실점 했다.

9-3 LG의 완승으로 임찬규의 시즌 첫 승과 류중일 감독의 LG 첫 승이 두루 이뤄졌다. 임찬규는 "내 승리보다 감독님 첫 승을 축하드리고 싶다. 선발 투수로서 꾸준히 긴 이닝을 던져 팀에 도움을 주고 싶다"라고 다짐했다.

다짐은 현실이 됐다. 임찬규는 2018시즌 첫 선발 등판부터 13번째

선발 등판까지 모두 5.0이닝 이상을 소화했다. 이 기간 73.0이닝을 소화하며 8승 3패 평균자책점 3.70. 선발 투수로서 우상향하는 모습을 보였다. 예나 지금이나 선발진에서 외국인 선발 투수의 비중이 절대적인데 LG는 임찬규의 도약으로 윌슨-소사-임찬규 상위 선발 라인을 갖췄다.

임찬규만의 색깔이 뚜렷이 드러났다. 한층 더 과감하게 완급조절을 하면서 상대 타선을 혼란에 빠뜨렸다. 신예 시절부터 투구 템포가 빠른 편이었는데 이제는 리그에서 가장 투구 템포가 빠른 투수가 됐다.

"구위로 압도하는 투수가 아니니까 오히려 더 과감하게 들어가야 한다"라고 역설을 전한 임찬규는 "지난해 처음으로 100이닝 이상을 던진 게 도움이 됐다. 어떻게 선발 등판을 준비해야 하는지, 어떻게 해야 경기마다 5이닝 이상을 소화할 수 있는지 계속 터득하고 있다. 목표는 150이닝 이상"이라고 목소리를 높였다.

류중일 감독의 철학도 임찬규와 맞았다. 웬만해서는 선발 투수를 조기에 내리지 않는 류 감독이다. "선발이라면 일단 100개 던지고 내려와야 한다"를 철칙 삼아 마운드를 운영한다. 임찬규는 "감독님 덕분에 투구 수 100개가 습관이 됐다. 경기 초반에 실점해도 '100개 던질 때까지는 기회가 있으니까 추가 실점하지 말자'는 생각으로 선발 등판한다. 버티는 힘이 생기고 있다고 해야 할까. 긴 이닝을 소화하는 데에는 감독님의 도움이 크다. 압도적인 투수는 아니더라도 잘 버티는 투수가 되겠다"라고 밝혔다.

절친 배터리 유강남의 도움도 컸다. 누구보다 임찬규의 공을 많이 받아온 만큼 빠르게 임찬규의 컨디션을 파악해 최선의 볼 배합을 펼쳤다. 지난해처럼 임찬규는 "나는 강남이의 리모콘이다. 강남이 사인에 고개를 흔드는 건 경기당 한두 번 정도다. 그만큼 경기 전에 강남이와 긴 시간 전력 분석에 임한다. 올해부터 상대 타자 분석에 긴 시간을 투자하고

Chapter 6
마음만은
빅 게임 피처

있는데 내가 공부할 것을 두고 강남이와 세세하게 준비한다. 준비하는 데에 있어 강남이는 세계 최고"라고 유강남을 향한 절대적인 믿음을 강조했다.

유강남은 "찬규는 체인지업과 커브가 모두 뛰어난 투수다. 두 구종이 마음먹은 대로 들어오는 날에는 타자를 쉽게 잡을 수 있다"라며 "물론 찬규도 사람이니까 늘 좋을 수는 없다. 체인지업만 좋을 때도 있고 커브만 좋을 때도 있다. 그러면 좋은 거 하나에 맞춰 가면 된다. 그래도 퀄리티스타트를 할 수 있는 투수가 된 것 같다"라고 동갑내기 친구의 성장에 박수를 보냈다.

그렇게 세상에서 가장 당당하게 130km/h대의 패스트볼을 던지는 투수가 됐다. 패스트볼 평균 구속 137km/h, 최고 구속 140km/h가 찍혀도 타자들은 헛스윙으로 물러났다. 자신만의 방법으로 국내 선발 중 손꼽히는 위치에 섰다. 그리고 나라의 부름도 받았다. 임찬규는 6월 11일 2018 자카르타-팔렘방 아시안게임 한국 야구 대표팀 24인 엔트리에 이름을 올렸다. 2010년 18세 이하 청소년 대표팀 선발 이후 8년 만에 다시 태극마크를 달았다.

슬럼프 구간도 있었다. 이상하게 대표팀 승선이 확정된 6월 중순부터 부진에 빠졌다. 뜻하지 않은 감기몸살까지 찾아와 한 차례 선발 등판을 거르기도 했다. 그래도 무너지지는 않았다. 7월 4일 잠실 NC전에서 7.0이닝 3실점, 7월 19일 고척 넥센전도 7.0이닝 3실점으로 빠르게 10승 고지를 점령했다.

임찬규는 "신인 때 9승을 했는데 이제야 10승에 성공했다. 당시에는 10승을 올리기까지 이렇게 긴 시간이 걸릴 줄은 몰랐다. 늦었지만 10승을 하니 기분이 좋다"라며 "엔트리 발표 후 못해서 스스로에게 많이 실망했다. 심리적으로 힘들었는데 강상수 코치님께서 많이 도와주셨다. 기본기부터 다시 잡아주셨고 커브와 체인지업에 대한 조언도 꾸준히 해

야구
선수
**임
찬규**

124

Chapter 6
마음만은
빅 게임 피처

125

주신다. 다시 잘 버틴다는 마음으로 다음 경기 준비하겠다"라고 밝혔다.

10승 투수 임찬규는 8월 중순 인도네시아행 비행기에 탑승했다. 대표팀에서도 등 뒤에 1번을 새긴 채 선발 투수 임무를 맡았다. 임찬규 등판 경기는 8월 28일 홍콩전. 슈퍼라운드 진출이 걸린 경기였다. 결과는 한국의 21-3 콜드게임 승리. 임찬규는 4이닝 2실점을 기록했다.

팀은 대승을 거뒀지만, 임찬규 입장에서는 아쉬움이 컸다. 긴 이닝을 소화하지 못했고 홈런도 맞았다. 호주 4번 타자 매튜 홀리데이에게 솔로포를 허용했다. 볼넷 없이 삼진 8개를 잡은 건 긍정적인 부분이었으나 아시안게임에서 대표팀을 바라보는 야구팬의 눈높이를 충족시키지는 못했다.

이례적으로 따가운 눈초리를 받으며 그라운드에 섰던 당시 대표팀이었다. 한국은 아시안게임 야구 종목에서 유일하게 프로 선수들로 팀을 구성했다. 야구 라이벌 일본과 대만은 프로가 아닌 실업 선수들로 대표팀을 구성했다. 야구팬의 눈은 모든 경기 완승. 즉 콜드게임에 맞춰 있었다.

그런데 첫 경기인 대만전에서 졌고 그 순간 야구 부정론이 폭발했다. 대표팀 선수단도 이를 의식했다. 경기와 훈련 외에는 철저히 선수단 숙소 안에서만 움직였다.

내부적으로 분위기 메이커가 필요했다. 투수진에서 임찬규가 그 역할을 했다. 당시 대표팀 투수 코치였던 이강철 KT 감독은 "그때 처음으로 찬규와 같은 유니폼을 입었다. 밖에서 봤을 때도 느끼긴 했는데 같이 한 팀에 있어 보니 정말 성격이 좋고 화이팅도 넘치더라. 벤치에서 계속 화이팅을 불어넣는 모습이 참 좋았다. 선발 등판하고 나서도 곧바로 벤치 맨 앞자리에서 동료들을 앞장서서 응원했다"라며 미소 지었다.

이어 그는 "계속 분위기를 띄우는 것을 보고 이런 선수가 있어서 참 좋다고 생각했다. 농담 반 진담 반으로 결승전 중에 등판 준비하라고 말하는 척 부르기도 했다. 그랬더니 찬규가 바로 스파이크 신더라. 찬규에게 '나가라는 건 아니고 벤치 맨 앞에서 더 열심히 동료들 응원해라'고 했던 기억이 난다. 그만큼 찬규가 성격이 좋았다"라고 돌아봤다.

마음만은 빅 게임 피처였다. 아시안게임 결승전 선발 투수로 낙점되지는 않았으나 혹시라도 기회가 온다면 모든 것을 쏟아부을 생각이었다. 등판하지 못해도 동료들에게 조금이라도 도움이 될 수 있게 목이 쉬도록 응원했다. 늘 빅 게임 피처를 원하지만, 그보다 더 원하는 건 항상 소속팀의 승리다. 대표팀은 첫 경기인 대만전 패배 후 5전 전승으로 금메달을 목에 걸었다.

늘 그랬듯 병역 혜택을 받는 선수들에게 시선이 쏠렸다. 군필인 임찬규는 이와 무관했다. 그저 태극마크를 영광으로 받아들인 임찬규다. 야구 대표팀을 향한 부정적 시선, 열악한 선수촌 시설에도 임찬규는 특유의 긍정 바이러스를 대표팀에 전파했다.

 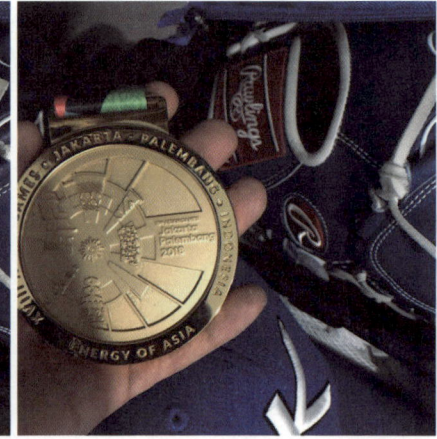

임찬규는 아시안게임 금메달을 수상하며 '가문의 영광'이라고 했다. 집에서 가장 잘 보이는 곳에 소중히 간직하고 있다.

야구
선수
**임
찬규**

	아시안게임 기간 일시 중단됐던 KBO리그는 아시안게임 종료에 맞춰 재개했다. 5위에 자리한 LG는 지난해 이루지 못한 포스트시즌 진출을 정조준했다. 그러나 김현수가 수비 중 부상으로 이탈하면서 팀 전체가 흔들렸다. 하염없이 추락했다. 임찬규 또한 정규시즌 막바지 고전했다. 목표였던 150이닝에 3.1이닝 모자란 146.2이닝에 그쳤다. 전반기에 10승을 올렸는데 후반기에 단 1승을 추가하는 데 그쳤다. LG는 2018시즌 전적 68승 75패 1무. 8위로 페넌트레이스를 마무리했다.
	큰 상처도 남았다. 한 지붕 두 가족 라이벌 두산에 일방적으로 당했다. 전력상 두산이 LG에 우위를 점하기도 했지만 유독 두산만 만나면 경기가 꼬였다. 임찬규도 다르지 않았다. 두산과 세 차례 대결에서 한 번도 승리 투수 요건을 충족한 채 투구를 마치지 못했다. LG는 두산전 상대 전적 1승 15패. 두산에 승리한 선발 투수는 최종전 134구 투혼을 발휘한 차우찬뿐이었다.
	구단 전체에 경고등이 켜졌다. 모그룹은 2년 연속 FA 최대어를 잡을 수 있게 통 큰 투자를 했다. 그런데 결과는 6위, 8위였다.
	결과도 문제지만 속을 들여다보면 더 아쉬웠다. 선수 육성이 특히 그랬다. 2015년 리빌딩을 강행했고 이 과정을 통해 주축으로 도약한 선수가 있지만 야수에 편중됐다. 사실상 임찬규를 제외하면 20대 투수 중 확실하게 자리를 차지한 이가 없었다. 리빌딩 시점부터 부지런히 불펜에 젊은 피를 수혈해 왔는데 2018년 LG 불펜진은 평균자책점 부문 리그 9위(5.62)였다.
	그렇게 프런트 총책임자가 바뀌었다. 신인 시절부터 임찬규와 인연을 맺은 차명석 코치가 단장을 맡아 4년 만에 LG로 돌아왔다. 차 단장은 신예 육성 성공과 가을 야구를 약속하며 개혁을 진행했다.
	개혁 중심에는 인프라가 있었다. 최첨단 과학 기술이 야구에 융합되기 시작한 시기. LG는 타 구단보다 늦게 대처했다. 경기 내내 공의 움직

Chapter 6
마음만은
빅 게임 피처

임을 세세히 추적하고 분석하는 트래킹 데이터 도입에 소극적이었다.

단장 부임 전 KBO리그와 메이저리그를 두루 해설했던 차 단장은 그룹에 트래킹 데이터의 중요성을 강조했다. 그렇게 잠실구장과 2군 시설인 이천 챔피언스파크에 트랙맨 시스템이 들어섰다. 현장 소속이었던 전력 분석팀을 단장 산하의 데이터 분석팀으로 재편했다. 데이터 분석가를 외부에서 데려와 하드웨어와 소프트웨어를 두루 채워 넣었다.

비시즌 임찬규는 당시 류현진의 개인 트레이너였던 김용일 트레이닝 코치와 인연을 통해 류현진과 훈련에 임했다. 류현진이 먼저 분위기 메이커인 임찬규에게 훈련 파트너를 요청했다. 임찬규 입장에서는 한국 최고 투수와 훈련할 수 있는 둘도 없는 기회였다. 흔쾌히 류현진의 요청을 수락했다.

낯선 일은 아니었다. 임찬규는 비시즌마다 특급 투수들의 훈련 파트너로 지정됐다. 2017년 겨울에는 한국은 물론 일본과 미국에서도 굳건히 뒷문을 지킨 오승환과 오키나와에서 훈련했다. 2018년 겨울에는 잠실에서 류현진과 굵은 땀방울을 흘렸다.

임찬규는 "현진이 형은 정말 괴물이다. 나도 선수지만 아예 다른 사람을 보는 것 같다. 웨이트부터 다르다. 보통 선수가 드는 중량의 2배를 가볍게 들어 올린다. 지난겨울 승환이 형도 대단했는데 현진이 형도 엄청나다"라며 "최고 투수들 아닌가. 같이 훈련하면서 배우는 게 참 많다. 메이저리그 선수들이 얼마나 과정에 충실한지. 경기에 앞서 준비를 얼마나 철저하게 하는지 깨달았다"라고 혀를 내둘렀다.

메이저리그 선수들의 준비 과정에는 트래킹 데이터가 있었다. 메이저리그에서는 일찍이 전력 분석 핵심으로 자리 잡았다. 투수가 던진 공의 회전수와 상하좌우 움직임. 타자의 스윙 궤적과 이에 따른 핫존과 콜드존(스트라이크존을 9구역으로 나눈 후 타자마다 타율, 장타율, wRC+(조정득점생산력) 등을 반영. 수치가 높은 구역은 핫존, 낮은 구

Chapter 6
마음만은
빅 게임 피처

역은 콜드존)을 뚜렷하게 구분했다.

평소 전력 분석에 깊은 관심을 보였던 임찬규에게 트래킹 데이터는 보물섬과 같았다. 객관적으로 자신의 투구를 바라보며 보다 효율적이고 효과적인 투구를 연구했다. 시즌을 준비하는 과정에서 훈련과 연구를 병행했다.

노석기 LG 데이터 분석 팀장은 "찬규는 예전부터 전력 분석이나 데이터에 대한 관심이 정말 많았다. 보통 데이터 분석팀에서 자료를 만들어서 선수에게 주는데 찬규는 스스로 먼저 분석을 하더라. 분석만 하는 게 아니라 경기 후 자신이 분석한 것과 실제 결과를 비교하기도 했다. 분석대로 된 것과 안 된 것을 구분하면서 계속 공부했다"라고 밝혔다.

만반의 준비를 했다. 그런데 부상이라는 뜻하지 않은 암초가 찾아왔다. 타일러 윌슨-케이시 켈리-차우찬에 이은 4선발로 2019시즌에 돌입한 임찬규는 네 번째 경기인 4월 13일 두산전에서 왼발을 다쳤다. 2회 초 정수빈의 타구를 잡으려다 넘어지면서 왼쪽 발가락을 삐끗했다. 처음에는 통증이 심하지 않아 투구를 이어갔는데 이닝이 진행되면서 상태가 악화됐다. 결국 5회도 채우지 못하고 마운드에서 내려갔다. 검사 결과 엄지발가락 실금이 발견돼 엔트리에서 제외됐다.

선발 투수는 한 번 다치면 복귀까지 긴 시간이 필요하다. 몸을 회복하고 재활에 임하는 데에도 시간이 걸리는데, 선발 투수에 맞는 투구 수와 이닝 수를 채우는 데에 또 몇 주가 지나야 한다. 임찬규는 1군으로 돌아오기까지 약 두 달이 걸렸다. 그리고 1군에서 꾸준히 로테이션을 돌기까지는 또 두 달이 걸렸다.

임찬규가 부상으로 빠진 사이 선발 다섯 자리가 가득 찼다. 임찬규 입단 동기 이우찬이 선발 투수로 기대 이상의 활약을 펼쳤다. 무엇보다 이우찬이 등판하는 경기에 득점도 많이 나왔다. 이우찬 선발 등판 시 팀 승리가 자연스레 두둑하게 쌓였다. 허리 수술 후 재활을 마친 류제국이

5월부터 로테이션을 돌면서 임찬규가 들어갈 선발 자리는 없었다.

늘 그랬듯 '팀 퍼스트'다. 임찬규는 "나는 늘 감독님과 코치님 의견을 따른다. 선발이든 중간이든 팀에 도움이 된다면 어디든 나가겠다. 중간 투수로 나간 경험이 없는 것도 아니다. 중간투수로 기용하시면 중간으로 나가면 된다"라며 8년 만의 불펜 대기를 개의치 않았다. 그렇게 6월과 7월 2개월 동안 주로 불펜에서 대기하다가 한 번 선발 등판하는 스윙맨 구실을 했다.

그러다 8월 9일 창원 NC전부터 제대로 선발진에 합류했다. 구위형 투수가 아니기 때문에 중간투수로서 경쟁력에 한계가 있었다. 롱릴리프로 긴 이닝을 소화할 수는 있어도 경기 후반 짧게 던지며 1, 2점차 리드를 지키는 건 어려웠다.

무엇보다 2019년 LG는 젊은피를 앞세워 불펜 대반전을 이뤘다. 마무리 고우석, 셋업맨 신인 정우영, 그리고 김대현까지. 20대 초반 구위형 투수 3인방이 굳건히 뒷문을 지켰다. 안 됐던 중간투수 육성이 순식간에 이뤄졌다. 그렇게 바로 2018시즌 불펜 불안에서 완전히 탈출했다.

육성 성공은 변화로 이어진다. 프로 10년 차를 앞둔 중견급 선수가 된 임찬규가 변화의 대상이 될 수도 있다. 누구보다 임찬규 스스로 이를 잘 알았다. 그래서 다시 한번 과감하게 변화에 임했다. 최일언 투수 코치의 조언에 따라 잃어버린 구속 찾기에 나섰다.

갑자기 이뤄진 일은 아니었다. 류중일 감독은 임찬규를 바라보며 "제구도 좋고 변화구도 좋고 참 좋은데 구속 하나가 아쉽다. 어릴 때 빠른 공을 던졌던 투수였기 때문에 더 그렇다"라며 "아직 20대라 스피드가 올라갈 수 있다고 본다. 스피드만 조금 더 나오면 더 수월하게 타자를 잡지 않겠나"라고 꾸준히 얘기한 바 있다. 류 감독과 최 코치가 먼저 임찬규 구속 향상에 대해 논의했다.

당연히 쉬운 일은 아니었다. 비시즌도 아니고 시즌 중에 구속을 늘리

Chapter 6
마음만은
빅 게임 피처

는 건 매우 드문 일이다. 그래도 임찬규는 도전했다. 최 코치와 함께 과감히 투구 폼에 변화를 주면서 가장 강하고 빠른 패스트볼을 던지는 방법을 연구했다. 중간투수로 등판했던 6월과 7월은 물론, 이후 선발 로테이션을 돌 때에도 훈련을 멈추지 않았다.

결과적으로 크게 바뀌었다. 와인드업 자세와 하체 이동, 팔의 높이 등이 달라졌다. 예전만큼은 아니지만 팔 각도가 조금 올라갔고 투구 시 멈춤 동작도 생겼다. 패스트볼 평균 구속 130km/h대에서 벗어나 140km/h대, 최고 구속은 145km/h로 올랐다.

경기 내용에는 기복이 있었다. 시즌 첫 경기에서 선발승을 올렸는데 9월 11일까지 승리를 추가하지 못했다. 그래도 과감히 시험하고 훈련하면서 정규 시즌 마지막 두 달 선발진 완주를 이뤘다. 마지막 두 경기에서 호투하며 선발승도 추가했다. 9월 16일 수원 KT전에서 5.0이닝 1실점(비자책). 9월 26일 수원 KT전에서 6.0이닝 1실점으로 정규시즌 유종의 미를 거뒀다.

정규시즌으로 끝나지 않았다. 신구조화를 이룬 LG는 페넌트레이스를 4위로 마치며 3년 만의 다시 가을 야구 무대에 섰다. 임찬규의 성적은 3승 30경기(13선발) 3승 5패 2홀드 평균자책점 4.97. 부상으로 공백이 있었고 지난 2년과 달리 제대로 선발 등판을 이어가지 못하며 커리어로우 시즌이 됐다. '선발 투수' 이미지를 지키지 못한 점이 특히 아쉬웠다.

그래도 류 감독과 최 코치는 임찬규의 과정을 잊지 않았다. 가을 야구 첫 무대인 와일드카드 결정전 1차전에서 NC를 꺾은 LG는 준플레이오프에서 넥센을 상대했다. 류 감독은 준플레이오프 4차전 선발 투수로 임찬규를 낙점했다. 포스트시즌 첫 선발 투수가 된 임찬규다. LG는 윌슨-차우찬-켈리-임찬규로 준플레이오프 로테이션을 짰다. 와일드카드 1차전 승리를 이끈 켈리가 3차전을 맡고 2차전 선발 투수인 차우찬은

3차전부터 불펜에서 대기하는 총력전을 구상했다.

임찬규도 부지런히 준비했다. 준플레이오프 4차전에 앞서 키움 타자들은 면밀히 분석했다. 마치 데이터 분석팀의 일원이 된 것처럼 타자 한 명 한 명의 장점과 약점을 파악한 후 이를 바탕으로 게임 플랜을 짰다. 늘 꿈꿨던 포스트시즌 선발 등판 무대. 빅 게임 피처가 될 수 있도록 비장한 마음으로 마운드를 바라봤다.

비장할 수밖에 없는 경기가 됐다. 고척에서 열린 준플레이오프 1, 2차전에서 모두 1점 차 석패를 당한 LG는 잠실로 돌아온 3차전에서 4-2로 승리해 반격에 성공했다. 4차전을 이기면 5차전 고척에서 최종 승부에 임한다.

지면 시즌이 끝나는 일리미네이션 게임. 컨디션은 최고였다. 1회 상대 리드오프 서건창에게 던진 초구부터 145km/h가 나왔다. 그러나 구속이 결과로 이어지지는 않았다. 서건창을 볼넷으로 출루시켰고 1사 3루에서 이정후에게 희생플라이를 내줘 선취점을 허용했다. 그리고 다음 타자 박병호에게 던진 초구 커브가 가운데 펜스를 넘어가는 홈런이 됐다. 5번 타자 샌즈를 삼진으로 돌려세우며 1회 초가 종료되었다.

임찬규의 첫 가을 야구 선발 등판도 거기서 종료였다. 총력전을 불사하는 포스트시즌 경기인 만큼, 류 감독은 2회부터 불펜 문을 열었다. 1회 말 1점을 뽑아 1-2로 추격하는 흐름도 만들었기에 주저할 필요가 없었다.

고개 숙이지는 않았다. 임찬규는 곧바로 아이싱도 안 하고 더그아웃 앞자리에 앉았다. 동료들을 독려하며 파이팅을 외쳤다. 임찬규를 바라본 류 감독은 허탈하게 웃으며 "야 이놈아 공이나 잘 던져라!"라고 꾸짖었다. 임찬규는 "죄송합니다! 못 던져서 이렇게 파이팅이라도 하겠습니다!"고 답했다. 이 장면을 눈앞에서 목격한 박용택은 "보통 큰 경기에서 조기 강판되면 더그아웃 구석에서 가만히 있는다. 역시 찬규는 남다르

Chapter 6
마음만은
빅 게임 피처

더라. 그때 참 찬규다웠다"라고 껄껄 웃었다.

임찬규의 주문이 통하는 것 같았다. LG는 2회 말 3점을 뽑아 역전에 성공했다. 그러나 1, 2차전과 마찬가지로 젊은 중간투수들이 한계를 드러냈다. 양 팀이 불펜 총력전을 펼치는 가운데 6회부터 LG 불펜이 흔들렸다. 1, 2차전 고우석처럼 4차전에서는 김대현과 정우영이 나란히 부진했다. 차우찬을 중간투수로 내세운 것도 통하지 않았다. 5-10 재역전 패. LG와 임찬규의 2019시즌은 10월 10일에 막을 내렸다.

임찬규는 이날 경기를 돌아보면서 "프로 입단 후 가장 중요한 선발 등판 경기였다. 그래서 평소보다 더 준비했다. 전력 분석을 4시간 이상 했다. 그런데 정작 마운드에서 던진 시간은 4분밖에 안 됐다. 교체를 결정하신 감독님과 코치님의 결정을 이해한다. 교체되면서 내가 얼마나 부족한지 다시 알게 됐다. 내년에 꼭 만회하고 싶다"라고 각오를 다졌다. 더불어 자신의 위치를 냉정히 바라봤다.

"중요한 것은 결과 아닌가. 결과를 내야 한다. 나는 결과를 보여주지 못했다. 이제 못하면 끝이다. 내가 중간투수 유형은 아니지 않나. 내가 봐도 나는 선발이 아니면 정말 애매한 투수다. 2020년이 선발 투수로서 마지막 기회라고 생각하고 경쟁하겠다."

2019년을 뒤로하며 LG 유니폼을 입은 모두가 더 높은 곳을 바라봤다. 그럴 만했다. 2015년부터 리빌딩 주역으로 삼은 선수들이 이제는 어엿한 중심이 됐다. 오지환 채은성 이형종 정찬헌 임찬규 등이 중고참 역할을 수행하며 팀 전체에 틀이 잡혔다. 이들 위로 박용택과 김현수 차우찬. 이들 아래로 김대현 고우석 정우영이 자리하며 이상적인 신구조화를 이뤘다.

외부 평가도 높았다. "LG는 앞으로 더 강해질 것이다. 연령대별로 팀

Chapter 6
마음만은
빅 게임 피처

이 잘 구성됐다. 불펜이 약했는데 앞으로 10년을 책임질 젊은 투수들이 불펜에서 필요한 자리를 다 채웠다"라며 부러움의 시선으로 LG를 바라봤다.

내부적으로도 정상 무대를 응시했다. 류 감독은 2020년 1월 30일 스프링캠프 장소인 호주 시드니 블랙타운으로 향하며 "우리에게는 올해가 정말 중요한 해다. 지난해 포스트시즌 무대에 올랐고 올해 더 큰 무대에 오르면 꾸준히 좋은 성적을 내는 팀이 될 수 있다"라고 밝혔다. 류 감독이 말한 '더 큰 무대'는 한국시리즈였다.

은퇴를 예고한 박용택의 마지막 시즌인 것도 선수단에 자극이 됐다. 임찬규는 일찍이 박용택과 호주로 떠났다. 자비로 먼저 따뜻한 호주에 도착해 미리 훈련에 돌입했다. 다짐처럼 결과로 보여주기 위해 빠르게 공을 던질 수 있도록 컨디션을 끌어 올렸다. 세부적인 목표로 구속 향상과 네 번째 구종 정립을 꼽았다. 그동안 스스로 경쟁력이 약하다고 판단해 비중이 적었던 슬라이더, 혹은 처음 시도하는 스플리터를 추가하기로 했다.

그런데 캠프 도중 코로나19가 전 세계를 집어삼켰다. 호주로 떠날 때까지만 해도 캠프가 끝나는 시점에서 종식될 것으로 예상했으나 2차 캠프인 일본 오키나와에서 상황이 매우 심각해졌다. 일본이 전역으로 공항 폐쇄를 발표하면서 LG는 당초 2차 캠프 종료일보다 나흘 먼저 한국으로 돌아왔다. 오키나와 공항 폐쇄 하루 전에 간신히 한국 땅을 밟았다.

상황이 이렇다 보니 2020시즌 개막도 요원했다. 이미 진행 중인 동계 스포츠는 모두 잠정 중단됐다. 한국만이 아니라 전 세계가 그랬다. KBO리그 개막일도 연기를 반복했다. 3월 28일이었던 개막전이 5월 5일까지 밀렸다.

그사이 임찬규는 지루한 자신과의 싸움에 임했다. 구속 향상을 이어

가려 했는데 주무기인 체인지업이 마음대로 움직이지 않았다. 청백전에 임할 때마다 난타당하며 대량 실점을 반복했다. 원인은 분명했다. 의도치 않게 패스트볼과 체인지업이 뚜렷하게 구분됐다. 동료 타자들에게 타석에서 보이는 문제점을 짚어달라고 하면서 수정 작업에 들어갔다.

임찬규는 "이제 130km/h대 패스트볼은 거의 나오지 않는다. 문제는 체인지업이다. 체인지업이 계속 맞는다. 너무 답답해서 타자들에게 부탁하고 물어봤다. 박용택 선배님께서 딱 집어주셨다. 그냥 타석에서 봐도 패스트볼을 던질 때와 체인지업을 던질 때의 팔 높이가 다르다고 하셨다. 트랙맨 데이터를 봐도 그랬다. 패스트볼 던질 때가 체인지업을 던질 때보다 팔 높이가 높았다. 타자들이 체인지업을 알고 치는 상태였다"라고 설명했다.

그러면서 그는 "지난해 구속을 올리는 과정에서 팔 높이도 올라갔다. 그러다가 나도 모르게 패스트볼과 체인지업의 팔 높이가 달라졌다. 개막하기 전까지 어떻게든 이 부분을 수정할 것이다. 내 터널링을 반드시 찾을 것"이라고 힘줘 말했다.

터널링은 이후 임찬규를 성장시키는 데 매우 주요한 개념이 됐다. 투구판부터 홈플레이트까지는 18.44m. 물리적으로 타자가 투수의 공을 인지하는 마지막 구간은 투구판으로부터 8m가량이다. 즉 투수가 8m까지 구종을 분간하지 못하게 할 수 있다면 타자에게 승리할 확률은 크게 높아진다.

이전까지 추상적으로 느꼈던 개념을 트래킹 데이터 시스템을 통해 정확하게 수치로 파악할 수 있었다. 선수지만 때로는 데이터 분석팀 일원처럼 야구를 공부하는 임찬규는 이때부터 본격적으로 터널링 활용에 몰두했다. 패스트볼과 체인지업의 터널링은 물론, 커브까지 세 가지 구종이 최대한 같은 구간에서 움직이다가 뻗어나가는 그림을 그렸다. 타

Chapter 6
마음만은
빅 게임 피처

자의 눈이 구종을 파악할 수 없게 모든 구종의 릴리스 포인트를 최대한 비슷하게 가져가는 데 집중했다.

출발선을 잘 통과했다. 하염없이 연기된 2020시즌 첫 선발 등판은 5월 13일 잠실 SK전이 됐다. 4선발로 새 시즌을 맞이해 6이닝 1실점으로 호투했는데 호투의 비결은 터널링 활용이었다. 체인지업과 커브 이후 패스트볼을 던지는 변칙 볼 배합으로 상대를 압도했다. 3회까지 퍼펙트였고 4회에 첫 안타를 맞을 정도로 상대 타선을 혼란에 빠뜨렸다.

실전과 이론이 교집합을 찾아 맞물리면서 리그에서 가장 강한 4선발로 올라섰다. 시즌 첫 10경기 중 8경기에서 6.0이닝 이상을 소화했고 이 중 두 경기에서는 7.0이닝을 기록했다. 시즌 절반이 지난 시점에서 7승 3패 평균자책점 3.57로 국내 선발 투수 중 손가락에 꼽히는 성적을 올렸다.

기대했던 구속 향상 혹은 잃어버린 구속 찾기가 이뤄지지는 않았다. 다만 이전보다 절묘하게 타이밍을 빼앗으며 수많은 삼진을 잡았다. 임찬규가 영리한 투수의 대명사로 불리기 시작한 시점도 이때부터였다. 2020년 류 감독이 꼽은 전반기 MVP도 임찬규였다.

사령탑 입장에서 특히 고마움을 느낄 경기도 있었다. 2020년 7월 24일 잠실 두산전. 선발 투수 차우찬이 갑자기 어깨 통증을 느껴 한 타자만 상대하고 교체됐다. 경기를 눈앞에 두고 선발 투수가 아픔을 호소한 초비상 사태였는데 임찬규가 모두를 구원했다. 5.2이닝 무실점으로 맹활약했고 LG는 8-1로 이겼다.

애국가가 시작될 때 갑자기 우찬이 형이 내게 와서 준비해야 할 것 같다고 했다. 처음에는 농담인 줄 알았는데 코치님도 나갈 수 있느냐고 하시더라. 갑자기 나가라니 당황했는데 막상 팀 상황을 보니 내가 나가는 게 그나마 제일 낫겠더라. 그래서 나가겠다고 했다. 바로 불펜에서 공 20개 정도 던지고 등판했다.

당연히 100% 컨디션이 아니었다. 실제로 이날 임찬규가 던진 패스트볼의 평균 구속은 136.3km/h였다. 그래서 체인지업의 활용을 극대화했다. 두산 타자들은 귀신에 홀린 듯 체인지업에 헛스윙하고 130km/h대 패스트볼에 타이밍을 빼앗겨 범타로 물러났다. 그렇게 임찬규는 2011년 9월 8일 이후 약 9년 만의 두산전 승리 투수가 됐다.

드디어 두산에 이겨서 기분은 좋은데 프로 선수로서 반성해야 할 부분이다. 그래도 그동안 꾸준히 분석하고 준비한 게 이렇게 좋은 결과로 이어진 것 같다. 볼넷을 주더라도 피할 타자는 확실히 피해 가는 전략으로 간 게 통했다.

LG는 40승 32패 1무로 반환점을 돌았다. 지난해와 같은 4위. 하지만 핵심 선수의 부상 이탈과 부진 변수 속에서 거둔 성적이기에 후반기를 기대할 수 있었다.
선발진이 특히 그랬다. 외국인 원투펀치 케이시 켈리와 타일러 윌슨이 부진했으나 임찬규와 정찬헌, 신인 이민호 등이 호투하며 잘 버텼다. 차우찬이 두산전에서 갑작스럽게 어깨를 다친 후 돌아오지 못했지만 날씨가 더워지면서 켈리가 구위를 회복했다. 사실상 켈리와 임찬규가 원투펀치, 윌슨-정찬헌-이민호가 로테이션을 돌면서 LG는 순위표에서 한 계단씩 올라갔다.
2013년 이후 7년 만에 2위를 정조준했다. 물론 쉽지는 않았다. 2013년에 막바지까지 LG, 두산, 넥센이 물고 물렸던 것처럼 2020년에도 끝까지 LG, KT, 두산, 키움이 2위 한 자리를 놓고 치열하게 싸웠다.
그리고 이 과정에서 임찬규에게 막중한 임무가 주어졌다. 10월 20일

Chapter 6
마음만은 빅 게임 피처

수원에서 열린 KT와 건곤일척 경기에 선발 투수로 낙점됐다. 10월 19일 LG는 77승 59패 3무. 승률 0.566으로 2위. KT는 76승 59패 1무. 승률 0.563으로 3위였다. 두 팀의 차이는 0.5경기. LG로서는 정규시즌이 이날 포함 3경기만 남았기에 무조건 승리가 필요했다.

팀의 운명을 좌우할 수 있는 빅 게임. 이날 임찬규는 고대했던 빅 게임 피처의 모습을 펼쳐 보였다. 양 팀이 사활을 걸고 싸우는 경기에서 5.2이닝 2실점 하며 2점차 리드에서 투구를 마쳤다. KT가 9회까지 맹추격했으나 LG는 이를 이겨내며 7-6 승리, 2위 확정 팔부능선을 넘고 2년 연속 포스트시즌 진출을 확정 지었다.

임찬규도 2018년 이후 다시 두 자릿수 승에 도달했다. 불운을 극복해 냈다. 9승 후 7경기 만의 승리 투수가 됐기에 여러모로 큰 의미를 부여할 수 있는 이날 호투였다. 7경기 중 7.0이닝 1실점(비자책), 6이닝 무실점 등 이날보다 잘 던진 경기도 있었으나 이상하게 승운이 따르지 않았다.

"안 중요한 경기는 없지만 그래도 더 특별한 마음으로 오늘 경기에 임했다. 공 하나하나에 집중하자는 마음으로 던졌다"라고 말한 임찬규는 "아홉수가 길었는데 어느 시점부터는 마음을 내려놓았다. 그랬더니 퀄리티스타트도 꾸준히 나오고 투구 내용은 더 좋아졌다. 10승은 하늘에 달려있다고 마음을 내려놓으면서 10승에 도달할 수 있었다"라고 밝혔다.

머릿속에 넣어둔 베스트 시나리오가 실현되는 것 같았다. 142경기를 치른 시점까지 그랬다. 143번째 경기인 잠실 한화전에서 승리하면 2위 확정이었다. LG의 선택은 다시 임찬규. 4회까지 6-0으로 리드할 때만 해도 7년 만의 플레이오프 직행이 이뤄지는 듯했다.

하지만 5회 초 볼넷 하나가 되돌릴 수 없는 악몽이 됐다. 노수광에게 볼넷을 범한 게 스노우볼의 시작이었다. 강경학, 노시환, 반즈에게 연달아 안타를 맞아 실점. 송광민을 삼진으로 돌려세웠으나 이해창에게 안타, 김지수에게 볼넷을 범해 6-4까지 추격당한 채 5회를 채우지 못하고 마운드에서 내려갔다.

임찬규를 포함해 팀 전체가 귀신에 홀린 것처럼 갑자기 무기력해졌다. 6회 초 6-6 동점을 허용한 LG는 연장 끝에 6-7로 한화에 지면서 충격에 빠졌다. 이틀 후 정규시즌 마지막 경기인 문학 SK전에서도 2-3 석패. 맡아놓은 줄 알았던 2위 자리가 정규시즌 마지막 날 4위로 바뀌었다. 7년 전 정규시즌 마지막 경기에서 2위를 확정 지은 'AGAIN 2013'은 이뤄지지 않았다.

기쁘게 맞이해야 할 포스트시즌 무대가 무겁게 다가왔다. 플레이오프 직행을 머릿속에 그렸다가 와일드카드 경기에 임하니 그럴 수밖에 없었다. 그래도 키움과 와일드카드 1차전에서 연장 13회 끝에 4-3 승리. 하지만 두산과 준플레이오프에서 1, 2차전을 내리 지면서 또 한 해에 마침표를 찍었다(당시 KBO는 코로나 시국임을 고려해 준플레이오프 시리즈를 기존 5전 3선승제에서 3전 2선승제로 축소시켰다). 한화전 충격패의 여파인지 임찬규의 포스트시즌 등판은 키움과 와일드카드 결정전 13회 초 1.0이닝 소화가 전부가 됐다.

시즌 전체로 보면 높은 평점을 줄 수 있었다. 외국인 투수가 점령한 선발 투수 랭킹에서 임찬규는 국내 투수의 자존심을 지켰다. 2020시즌 규정 이닝을 소화한 국내 투수 WAR 5위(3.16), 이닝은 3위(147.2)였다. 무엇보다 9이닝당 삼진에서 8.41개로 롯데 스트레일리에 이은 리그 2위에 올랐다. 150km/h를 던지지 못해도 삼진을 잡을 수 있음을 증명해 냈다. 체인지업 혹은 커브하면 임찬규 이름 석 자가 자연스럽게 떠올랐다.

다만 그토록 바라던 큰 무대에 강한 투수라는 인식을 완벽하게 심지

Chapter 6
마음만은
빅 게임 피처

147

는 못했다. 143번째 경기였던 잠실 한화전 5회를 잘 마쳤다면 많은 게 달라졌을지도 모르는 2020시즌이었다.

2018~2020시즌 KBO 리그 개인 기록

시즌	평균자책점	경기	승	패	세이브	홀드	이닝	탈삼진	투구수
2018	5.77	29	11	11	1	0	146 2/3	125	2,640
2019	4.97	30	3	5	0	2	88 2/3	72	1,576
2020	4.08	27	10	9	0	0	147 2/3	138	2,601

chapter 7

아버지

Chapter 7
아버지

 2021년도 여전히 코로나19 시국이었다. 무관중 혹은 관중 입장 제한이 이어질 전망인 가운데 선수들도 커다란 변수와 마주했다. 해외 출국은 사실상 불가능. 늘 따뜻한 해외에서 진행했던 스프링캠프를 국내에서 치르게 됐다.
 임찬규에게 특히 큰 변수였다. 겨울만 되면 사이판, 일본 오키나와 등에서 남들보다 일찍 몸을 만들고 투구에 돌입했던 임찬규다. 약 10년 동안 겨울 날씨를 피해 포근한 곳에서 시즌을 준비해 왔는데 이번에는 방법이 없다.
 당시 LG는 이천에 자리한 2군 시설인 LG 챔피언스파크에서 1군 캠프에 들어갔다. 거대한 실내 훈련장이 있기에 시설을 최대한 활용하며 다가오는 시즌을 준비하기로 결정했다.
 그렇게 10년 동안 쌓아온 루틴이 무너졌다. 그리고 이는 어깨 이상으로 이어졌다. 어깨 통증으로 인해 계획대로 시즌을 준비하지 못했다. 그런데도 강행했다. 누가 봐도 100% 컨디션이 아니었는데 선발 등판을 고집했다.
 이유가 있었다. 아버지의 건강이 겨울 들어 급속도로 악화됐다. 암 투병 중인 아버지에게 한 번이라도 더 마운드에서 던지는 모습을 보여드리고 싶었다. 외부에는 알리지 않은 채 부상을 안고 2021시즌을 맞이했다.
 현실은 냉정했다. 정규 시즌 첫 선발 등판인 4월 13일 고척 키움전에서 3.1이닝 4실점. 두 번째 등판인 4월 24일 대전 한화전에서 1.1이닝 8실점(7자책)으로 무너졌다. 그렇게 다시 이천으로 향했다. 이후 약 한 달이 지난 시점에서 아버지를 하늘로 보내드렸다.
 그리고 다시 한 달 후 1군으로 돌아왔다. 절대 공을 놓지 않았기에 복귀할 수 있었다. 슬픔에 잠기는 것을 뒤로 미루고 이천에서 회복과 재활, 자신만의 훈련에 매진했다.

야구
선수
**임
찬규**

　그러면서 1군에 놀라운 보고가 올라왔다. 류지현 감독은 2군 경기를 치른 임찬규의 투구 내용 보고서를 본 후 "찬규가 최근 2군 경기에서 147km/h까지 찍었다고 한다. 안 그래도 찬규가 2군에서 정말 열심히 준비한다는 얘기를 꾸준히 들었다. 정해진 시간 외에도 자신의 시간을 충분히 활용한다더라. 힘든 일을 겪었음에도 흔들리지 않은 찬규를 응원한다"라며 "기본적으로 해줄 수 있는 게 있는 선수다. 지난해에도 정말 잘 던졌다. 곧 1군 복귀 날짜를 잡을 것"이라고 밝혔다.
　1군으로 전달된 2군 보고서는 맹활약의 예고편이었다. 임찬규는 6월 22일 문학 SSG 전에서 약 두 달 만에 1군 마운드에 섰다. 패스트볼 최고 구속 146km/h, 최소 구속 140km/h를 던졌다. 평균 구속 130km/h 후반대였던 투수가 갑자기 시간을 10년 전으로 돌렸다.
　결과도 만점이었다. 이날 임찬규는 92개의 공을 던지며 7.0이닝 1실점으로 토종 에이스의 귀환을 알렸다. 네 번째, 혹은 버리는 구종에 가까웠던 슬라이더를 두 번째 구종 삼아 파워 피칭을 했다. 1회 말부터 추신수를 패스트볼로 삼진, 최정을 슬라이더로 헛스윙 삼진 처리했다. 구속이 부쩍 올라간 임찬규와 마주한 SSG 타자들은 당황한 모습을 감추지 못한 채 임찬규에게 완전히 끌려갔다.
　임찬규의 호투에 타자들은 시원한 장타로 응답했다. LG 타선은 역대 구단 최다인 7개의 홈런을 쏘아 올렸다. 14-1로 완승. 경기 후 임찬규는 하늘에서 자신의 투구를 보고 있을 아버지에게 고마움을 전했다.

　다시 빠른 공을 찾았다. 아버지께서 주신 선물인 것 같다. 아버지께서 늘 어느 위치에 있든 즐겁게 야구 하라고 하셨다. 아버지를 보내드리고 이를 되새기며 즐겁게 훈련하고 즐겁게 던지려 했다. 2군 경기부터 구속이 잘 나왔는데 이게 오늘도 이어졌다.

Chapter 7
아버지

아버지를 통해 야구를 접하고 야구선수의 꿈을 키운 임찬규다. 더불어 자신이 야구를 하는 모습을 가장 오랫동안 지켜본 이도 아버지다. 야구선수의 꿈을 키운 초등학교 시절은 물론 프로 입단 후에도 임찬규는 아버지와 머리를 맞대며 자신의 투구를 돌아보고 발전 방향을 모색했다. 누구보다 빠르게 임찬규의 투구를 파악하고 피드백을 준 사람도 아버지였다.

아버지가 내 투구를 보시면서 강조하신 게 두 가지 있었다. 145km/h가 나오는 패스트볼과 슬라이더였다. 오늘 아버지가 강조하신 투구를 했다. 분명 아버지가 하늘에서 기뻐할 것 같다. 패스트볼도 그렇고 슬라이더도 2군에서 갑자기 좋아졌다. 김경태 코치님께서 먼저 '이게 아버지가 주신 선물인 것 같다. 계속 던져보자'라고 하시며 큰 도움을 주셨다.

아버지가 계실 때 이런 모습을 보여드렸으면 얼마나 좋았을까. 어깨가 안 좋아도 시즌 초반부터 투구를 강행한 것도 아버지께 이런 모습을 보여드리고 싶어서였다. 아팠지만 참고 1군 경기에 나갔는데 결국 그게 화로 다가오고 말았다.

오늘 던질 때는 몰랐는데 이렇게 등판을 마치고 경기를 돌아보니 아버지가 너무 생각이 난다. 눈물이 날 것 같다. 아버지는 늘 그랬듯 오늘도 내 투구를 보셨을 것이다. 아버지가 기뻐하셨을 거라고 생각하니 그래도 다행인 것 같다.

아버지가 내게 마지막으로 한 말씀이 있다. '쫓기는 사람은 늘 쫓긴다. 쫓기지 않고 즐기는 사람에게 여유가 있고 행복이 있으

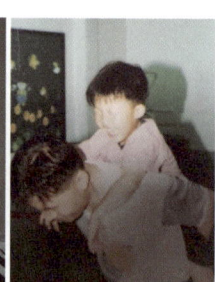

며 낭만이 있다'라고 하셨다. 이제 이 말이 무슨 뜻인지 알 것 같다. 앞으로 내 자리가 선발이든 중간이든 쫓기지 않고 재미있게 즐기면서 야구 하겠다. 하늘에서 봐주시는 아버지께 더 좋은 야구를 보여드리겠다.

임찬규와 오랫동안 인연을 맺어온 많은 이들이 임찬규의 아버지 임영일 씨를 기억하고 있다. 여전히 임찬규의 멘토인 휘문중학교 박만채 감독은 "찬규가 아버지를 많이 닮았다. 아버지도 참 호인이셨다. 고교 시절 겨울에 내가 찬규를 숙박시키면서 훈련할 때 꾸준히 학교에 찾아 오시면서 고맙다고 하셨다. 찬규가 프로에 지명받고 졸업할 때가 됐을 때는 '제가 특별히 해드린 것도 없는데 우리 아들을 잘 보살펴 주셔서 감사하다'라고 말씀해 주셨던 게 기억난다"라고 돌아봤다.

2011 신인 드래프트에서 임찬규 지명을 주장한 LG 정성주 스카우트 책임도 임영일 씨를 회상하며 "정말 바쁘게 사셨던 분으로 기억난다. 밴드 마스터를 하셨는데 아침부터 밤 늦게까지 일하시더라. 그렇게 바쁘게 사시면서도 주위 사람들에게 고마운 마음을 늘 전달하셨다. LG에 지명됐을 때 직접 정말 감사드린다고 하셨던 게 기억난다. 찬규도 그렇다. 잘될 때마다 늘 기쁨을 나눈다. 근성이 있고 머리도 좋은데 아마 아버지

Chapter 7
아버지

께 잘 물려받은 게 아닐까 싶다"라고 말했다.

박 감독은 "찬규의 투구를 보면 리듬감이 있다. 그 리듬감을 아버지가 주신 게 아닐까. 예전부터 찬규에게 '넌 리듬으로 던지는 투수다. 이런 좋은 리듬 갖고 있는 투수가 별로 없다. 이 리듬을 최대한 살려보자'라며 꾸준히 강조했다"라고 돌아봤다.

기적 같은, 혹은 영화 같은 일의 시작점이었다. 패스트볼 평균 구속이 137~138km/h였는데 몇 달 사이에 130km/h대 패스트볼은 보이지도 않았다. 평균 구속 140km/h대 초반. 최고 구속은 145km/h 이상이었다. 그리고 6월 22일 SSG전처럼 슬라이더의 구위가 패스트볼과 동반 상승했다. 체인지업과 커브를 적극적으로 활용해 타자를 혼란에 빠뜨려온 투수가 이제는 정통파 파워 피처처럼 힘으로 타자를 눌렀다.

결과부터 눈부셨다. 커리어하이 시즌이었던 2020년에는 26번의 선발 등판에서 세 차례 7이닝 이상을 던졌다. 2021년에는 복귀전부터 9경기 동안 이미 세 차례 7이닝 이상을 소화했다. 복귀전 포함 9경기 평균자책점은 2.30. 10년 전으로 타임머신을 타서 당시의 빠른 공을 가져온 임찬규는 에이스 그 자체였다.

구단 내부는 물론 밖에서도 난리가 났다. 수많은 투수가 임찬규에게 구속 향상의 비결을 물었다. LG 구단은 임찬규가 2군에 있는 기간 동안 무슨 과정을 거쳤는지 상세히 돌아봤다. "아버지가 주신 선물"이라고 한 임찬규였지만 분명 남다른 과정도 거쳤다.

결국 이 또한 연구의 결과물이었다. 임찬규는 어깨 재활을 하면서 평소 운동법에도 변화를 줬다. 그는 "미국에 있는 드라이브 라인 훈련을 보면서 많이 따라 해봤다. 그러면서 내게 맞는 운동을 하나하나 찾았다. 관절 운동에 비중을 두면서 독학했는데 생각보다 도움이 되는 운동이 많이 있더라. 창 던지기 같은 훈련도 참고했다. 핵심은 투구 익스텐션시 중요한 관절 부위 세 곳이다. 더 빠르고 강하게 익스텐션에 들어가면서

Chapter 7
아버지

힘을 낼 수 있는 방법을 연구했고 이를 알게 됐다"라고 설명했다.

드라이브 라인은 미국 워싱턴주에 있는 사설 야구 아카데미다. 수많은 메이저리그 투수가 비시즌마다 이곳에서 훈련한다. 공식 유튜브 채널도 있어 간접적으로 어떤 프로그램으로 훈련이 진행되는지 알 수 있다. 임찬규는 영상을 기반으로 독학에 임해 큰 효과를 봤다.

동료들도 이를 알고 있었다. 캠프 기간을 비롯해 몇 차례 임찬규와 룸메이트를 해온 고우석은 "투수가 그냥 구속이 올라갈 수는 없다. 찬규 형이 이전부터 드라이브 라인 영상을 꾸준히 보더라. 2군에 내려간 후 새로운 훈련을 많이 하고 있다는 얘기도 들었다"라며 "훈련법이 달라지면서 공도 빨라졌다고 본다"라고 선배의 노력에 박수를 보냈다.

공이 빨라지니 자연스럽게 이닝당 투구 수가 줄었다. 이전에는 볼카운트 별로 세밀하게 구종을 배합해서 타자를 잡았는데, 이제는 패스트볼로 스트라이크 카운트를 선점할 수 있다. 파워피처처럼 상대를 궁지에 몰아넣고 다채롭게 결정구를 구사했다. 다른 팀 선수들이 "도대체 무슨 일은 한 거냐?", "뭘 먹고 이렇게 됐나?"라고 질문을 쏟아냈다. 그때마다 임찬규는 이천에서 훈련법을 전달했다.

아무나 가능한 일은 아니었다. 김용일 수석 트레이닝 코치는 "그만큼 찬규가 영리하게 자신의 몸을 잘 알고 있었기 때문에 가능했다. 자신의 투구 메커니즘이 어떻게 이뤄지는지, 관절 부위마다 유연성과 힘을 전달하는 능력이 어떻게 형성되어 있는지 잘 알고 있으니까 더 강하고 빠른 회전을 할 수 있는 것이다. 사실 나도 찬규 같은 경우는 본 적이 많지 않다. 선수가 직접 방법을 찾아낸 것도 신기하다"라며 웃었다.

임찬규가 높이 도약하면서 LG도 정상을 바라봤다. 류지현 감독 첫해. LG는 이례적으로 'WIN NOW'을 외쳤다. 매년 새 얼굴이 1군 핵심 선수로 자리매김하며 전력 강화를 이루고 있기에 이제는 우승이 결코 먼 곳에 있지 않음을 자신했다.

야구
선수
**임
찬규**

160

Chapter 7
아버지

우승을 향한 트레이드도 단행했다. 정규시즌 개막에 앞서 양석환을 두산에 내주고 함덕주를 데려오는 빅딜을 성사시키더니 7월 31일 트레이드 마감일을 앞두고는 약점인 2루를 보강하기 위해 다시 한번 크게 움직였다. 선발 투수 정찬헌을 키움에 보내고 MVP 경력자이자 국가대표 출신 2루수 서건창을 받았다.

서건창이 필요했던 것은 맞지만 정찬헌을 보낸 것은 큰 출혈이었다. 임찬규와 함께 국내 선발진에서 든든한 기둥 구실을 해온 정찬헌이다. 정찬헌 이탈은 곧 선발진 약화를 의미했다.

그러나 차명석 단장의 생각은 달랐다. 차 단장 머릿속에는 이미 국내 선발진 3명이 가득 차 있었다. 차 단장은 "임찬규와 손주영 중심으로 국내 선발진을 짜기로 계획했다. 정찬헌 선수를 보낸 시점에서 손주영 선수가 준비를 마치고 2군에서 1군으로 올라왔다. 찬규는 코치 시절부터 늘 두 자릿수 승을 할 수 있는 투수라고 봤다. 찬규와 주영이가 선발진 중심을 잡고 남은 한 자리에 신예 선수가 들어가는 게 이상적이라고 생각했다"라고 의중을 털어놓았다.

실제로 2021시즌 중반 LG 선발진은 케이시 켈리와 앤드류 수아레즈 외인 원투펀치에 임찬규, 손주영, 이민호로 로테이션 기본 틀이 짜였다. 수아레즈의 부상 이탈로 김윤식, 배재준, 임준형 등도 선발 투수로 등판했는데 일찍이 초안은 나와 있었다.

기대한 대로 LG는 치열하게 선두 경쟁에 임했다. 24경기가 남은 시점인 10월 6일 순위표 가장 높은 곳에 올랐다. KT, 삼성과 3강을 구축하며 "WIN NOW"가 허황된 말이 아님을 알렸다.

다만 뒷심이 부족했다. KT, 삼성과 전력 차이는 크지 않은데 고비를 넘지 못했다. 임찬규도 의도치 않은 불운에 시달렸다. 굳건히 마운드를 지키고 내려가도 팀 승리로 이어지지 않았다. 상대 에이스와 고품격 투수전을 펼쳤지만 LG와 임찬규는 마지막에 웃지 못했다. 9월 25일 수원에서 열린 임찬규와 고영표의 선발 대결은 처음부터 끝까지 0의 행진이었다. 임찬규는 7.0이닝 무실점. 고영표는 8.0이닝 무실점. 경기 결과도 0-0 무승부였다.

이런 경기가 쌓이면서 상식적으로 이해할 수 없는 결과가 나왔다. 2021시즌 평균자책점 3.87. 복귀 시점을 기준으로 삼으면 평균자책점 2.93인데 선발승은 단 1승. 임찬규 선발 등판 시 LG 승률도 38.5%(5승 8패)로 높지 않았다. 9이닝당 득점 지원이 3.8점에 불과했고 이는 당연 리그 최하위권이었다. 90이닝 이상을 소화한 선발 투수 중 임찬규보다 9이닝당 득점 지원이 낮은 선수는 3.1점의 KIA 신인 이의리뿐이었다. 그래도 이의리는 4승을 챙긴 것을 돌아보면 임찬규의 불운이 얼마나 지독했는지 알 수 있다.

어쨌든 또다시 끝날 때까지 끝난 게 아닌 페넌트레이스가 됐다. LG, KT, 삼성 중 한 팀이 경우의 수에 따라 1위에 오르는 방정식이 만들어졌다. 정규시즌 141번째 경기를 치른 시점에서 LG는 71승 57패 13무. LG가 남은 3경기를 모두 승리하고 KT, 삼성이 각각 남은 경기에서 반만 이기면 LG가 극적으로 1위에 올라설 수 있었다.

물론 확률적으로 높지는 않았다. 그래도 불가능이 아닌 만큼 LG로서는 총력전을 마다할 필요가 없었다. 임찬규는 143번째 경기 선발 등판 중책을 맡았다. 사직 롯데전에 선발 등판해 4.2이닝 무실점으로 호투했다. 더 많은 이닝을 소화할 수 있었으나 총력전 모드로 들어섰기에 뒤를 불펜에 맡겼다. 이정용, 정우영, 고우석 필승조 셋이 4.1이닝 1실점을 합작해 LG가 4-1로 승리했다.

마지막 144경기를 앞둔 시점에서 1위 방정식은 간단하면서도 복잡했다. LG가 롯데와 정규시즌 최종전에서 승리하고, 삼성이 NC, KT가 SSG에 지면 최종일에 LG가 1위에 오른다. 그러나 기적 같은 일은 벌어지지 않았다. LG는 롯데에 2-4로 졌고 삼성과 KT는 모두 이겼다. 마지

막까지 싸웠지만 페넌트레이스 3위로 결승점을 통과했다.

포스트시즌 준플레이오프 시리즈 상대는 지난해에 이어 두산. 임찬규는 수아레즈, 켈리에 이은 3차전 선발로 낙점받았다. LG는 1차전을 1-5로 졌지만 2차전에서 9-3으로 승리해 균형을 맞췄다. 3차전 승리 팀이 플레이오프 무대에 오르는 상황. 이렇게 임찬규는 다시 빅 게임 피처 시험대에 올랐다.

컨디션은 절정이었다. 1회 첫 타자 정수빈을 상대로 최고 구속 147km/h를 찍었다. 2회 박세혁은 149km/h 패스트볼로 헛스윙 삼진 처리했다. 큰 무대에서 강속구를 던지는, 오랫동안 꿈꿔왔던 모습이 현실이 되는 것 같았다.

그러나 문제는 속도가 아니라 정확도였다. 1회 호세 페르난데스에게 가운데 몰린 패스트볼을 던져 적시 2루타를 맞은 임찬규는 3회에도 페르난데스에게 당했다. 포수 유강남의 미트는 스트라이크존 상단을 넘어가는, 높은 위치에 자리했는데 임찬규가 던진 패스트볼의 탄착지는 또 스트라이크존 가운데였다. 페르난데스는 우측 담장을 훌쩍 넘어가는 라인드라이브 2점 홈런을 쏘아 올렸고 이렇게 임찬규의 선발 등판은 조기에 마무리됐다. 포스트시즌 잔혹사에 또 하나의 페이지가 추가되고 말았다.

2021시즌 LG도 여기까지였다. 3-10으로 완패를 당한 LG는 2년 연속 준플레이오프에서 두산을 넘어서지 못했다.

가을에 아플 만큼 아팠다. 21세기 최초로 3년 연속 포스트시즌 진출을 이뤘지만 만족할 수는 없었다. LG 선수단은 "기필코"를 외치며 2022년을 맞이했다. 차명석 단장도 "1위와 겨우 1.5경기 차이였다. 이 차이를 좁히면 정상에 오르는 것 아닌가. 다시 도전하겠다"라고 결의를 다졌다.

야구
선수
**임
찬규**

 임찬규에게도 2022년은 매우 중요했다. 모든 프로야구 선수들이 바라보는 FA 자격을 앞둔 해였기 때문이다. 2022시즌을 마치면 FA 자격을 얻고 시장에 나간다.
 호재도 있었다. 예비 FA 중 선발 투수는 임찬규 외에 한현희뿐이었다. FA를 1년 앞두고 SSG 박종훈과 문승원이 비FA 다년 계약을 체결하면서 시장에 나올 선발 투수가 절반으로 줄었다. 신인 시절 구속을 되찾은 임찬규다. 변화구는 말할 것도 없이 뛰어나다. 건강하게 한 시즌을 완주한다면, 겨울 시장에서 영입 경쟁이 뜨겁게 타오를 확률이 높다.
 임찬규는 담담했다. 캠프 기간이었던 2022년 2월 그는 "벌써부터 시장 상황을 생각하지는 않는다. 생각해 봐도 어디까지나 가정이고 경우의 수 아닌가. 머리만 복잡해질 것 같다. FA가 되면 직접 협상 테이블에 앉지 않을 것이다. 이걸로 단장님과 마주할 수는 없다. 에이전트가 들어갈 것"이라며 "사실 FA라고 비시즌에 특별히 무엇을 더 하지는 않았다. 해온 그대로 한다. 캠프 훈련도 특별히 무엇을 더하지는 않고 있다. FA에 앞서 일단 더 보여드리고 싶다. 한국시리즈 무대까지 올라서 LG에서 내가 무언가를 해내는 모습을 보이고 싶다"라고 전했다.
 FA까지는 시간이 남았는데 자신을 찾는 이들이 점점 더 늘었다. 선후배 구분 없이 LG 투수들은 임찬규를 찾아 구속을 향상시킬 수 있는 훈련법, 변화구 그립, 선발 투수로서 루틴, 식습관 등등 물었다. 2022년 투수조 조장이 된 만큼 성심성의껏 동료를 도왔다. "예전에는 커브, 체인지업에 대한 질문만 받았는데 이렇게 빠른 공을 던지는 법을 물어보니 나도 어색하다"라고 웃은 임찬규는 "투수조 조장으로서 우리 투수들 모두 즐거운 분위기에서 야구하도록 도울 것이다. 정해진 규율은 철저히 지키면서 긍정적이고 밝게 야구 하겠다"라고 밝혔다.
 투구 내용에서 목표점도 뚜렷했다. 임찬규는 "작년에 구속은 올랐는데 체인지업이 아쉬웠다. 패스트볼이 좋아지면 체인지업의 효과도 커야 하는데 그렇지 못했다. 의도치 않게 낙폭이 줄었다. 아버지가 주신 선물을 잘 유지하고 활용해야 한다. 이를 위해서는 예전의 체인지업을 찾을 필요가 있다"라며 "이닝 욕심도 있다. 선발 투수라면 160이닝을 던지는 시즌이 있어야 한다고 본다. 160이닝 던지고 한국시리즈 무대에 서는 게 가장 큰 목표"라고 힘줘 말했다.

사령탑과 단장의 시선도 임찬규를 향했다. 류지현 감독은 "가장 중요한 선수로 찬규를 꼽고 싶다. 올해 찬규는 외국인 두 투수 다음인 3선발 역할을 한다. 투수조 조장도 됐다. 든든히 선발진을 지켜주면 팀 전체가 보다 안정적으로 움직이지 않을까 싶다"라고 임찬규가 토종 에이스로 활약하는 모습을 머릿속에 그렸다. 차 단장 역시 "임찬규가 커리어하이 시즌을 보내지 않을까 싶다. 시즌 끝나고 FA인데 FA 계약을 두고 고민이 많아져도 좋으니까 최고의 시즌을 보내기를 바란다"라고 우승 후 임찬규의 계약을 두고 고심할 수 있기를 바랐다.

기대를 한 몸에 받고 새 시즌에 돌입했다. 그런데 지난해 막바지부터 안고 있었던 문제가 시즌 내내 터졌다. 2021년 10월 13일부터 29일까지 4경기 연속 5.0이닝 이하를 기록했다. 빠른 공을 되찾으며 이닝 이터가 됐는데 어느 순간부터 체력적인 한계와 마주했다. 투구 수 70, 80개가 넘어가면 구속이 크게 줄었고 투구 밸런스도 흔들렸다.

결국 2022시즌 전반기 내내 한 번도 6.0이닝 이상을 던지지 못했다. 8월 3일 사직 롯데전이 당해 임찬규의 첫 번째 6.0이닝 이상 소화, 첫 퀄리티스타트였다.

어느 때보다 자신도 있고 준비도 잘 됐다고 생각했는데 막상 시즌에 들어가니 그렇지 못했다. 뜻하지 않은 컨디션 저하와 마주하며 되찾은 줄 알았던 구속이 기복을 보였다. 지난해 평균 142~143km/h였던 패스트볼 평균 구속이 안 좋을 때는 139km/h로 떨어졌다. 5월 말에는 2군으로 내려가기도 했다.

Chapter 7
아버지

10여 년 만에 다시 찾은 빠른 공이다. 이번에는 절대 놓치면 안 된다는 생각이 머릿속에 가득했다. 그래서 안간힘을 썼다. 마운드 위에서 더 빠른 공을 던지려는 모습이 한눈에 들어왔다. 투구 밸런스가 흔들리고 반대 투구가 나오고 정타를 맞거나 불리한 카운트로 몰리고. 악순환의 반복이었다.

팀 상황도 그랬다. 꼭 우승을 이뤄야 하는 시즌이라 이전보다 투수 교체 타이밍을 빠르게 뒀다. 경기 중반 고비가 찾아오는 임찬규의 경기가 특히 그랬다. 작년까지는 6, 7회까지 가곤 했는데 2022시즌에는 6회에 불펜이 자동문처럼 열렸다.

늘 그랬듯 절대 주위를 탓하지 않았다. 5.0이닝 이하 소화, 조기 강판의 책임은 자신에게 있음을 강조했다.

임찬규는 2022시즌 반환점을 도는 시점에서 "적은 이닝은 결국 내가 못 해서 생긴 문제다. 못했기 때문에. 감독님과 코치님께 믿음을 주지 못했기 때문에 5회가 끝나면 불펜이 나오는 것"이라며 "고전하는 가장 큰 원인은 구속이었다. 나도 모르게 안 나오는 구속을 다시 올리기 위해 무리해서 던졌다. 강하고 빠른 공을 던지는 것만 신경 썼다. 짜내듯 투구했고 그러면서 모든 게 흔들렸다"라고 힘들었던 전반기를 돌아봤다.

이어 그는 "구속은 다시 내려놓기로 했다. 2020년에 137~138km/h를 던지면서도 10승도 하고 규정 이닝도 소화했다. 경헌호 코치님도 이 부분을 강조하셨다. '네가 건강하게 꾸준히 로테이션을 돌면 밸런스도 좋아지고 밸런스가 좋아지면 구속도 다시 오를 수 있다'고 하셨다. 기본으로 돌아가겠다. 밸런스에 집중하면서 기본을 찾겠다"고 스스로 리셋 버튼을 눌렀다.

마음을 다잡은 계기도 있었다. 임찬규는 2022년 7월 3일 박용택의 은퇴식 경기에 선발 투수로 등판했다. 구단 역사에서 세 번째 영구결번으로 지정된 박용택 선배에게 승리를 선물하고 싶은 마음이 가득했다. 이날 임찬규는 5.0이닝 무실점으로 호투했고 LG도 4-1로 승리했다.

"팬들로 가득 찬 용택 선배님 은퇴식을 보는데 참 많은 생각이 들었다. 막 눈물도 날 것 같았다. 나만 생각할 때가 아닌 것도 알게 됐다"라며 LG 구성원 모두가 박용택의 마지막을 축하하고 눈물 흘렸던 그날을 돌아본 임찬규는 "FA 생각은 접었다. 전반기 성적을 보면 FA를 신청할 수도 없다. 후반기에는 이닝만 생각하겠다. 그래도 최소 5이닝 이상, 6회에도 마운드에 오르는 투수가 돼야 한다. 컨디션도 좋아졌다. 불편했던 어깨도 좋아졌다"라고 '팀 퍼스트'를 외쳤다.

그렇게 전반기보다 나은 후반기를 보냈다. 잃어버린 밸런스를 찾으면서 패스트볼 평균 구속도 140km 아래로 내려가지 않았다. 체인지업도 좋았을 때로 돌아왔다. 다만 지난 몇 년처럼 토종 선발진 주역은 아니었다. 3년 차 신예 김윤식이 선발 투수로서 잠재력을 터뜨렸다. 임찬규는 투수조 조장답게 후배들을 격려하며 오직 팀 승리만 바라봤다.

임찬규는 시즌 막바지인 9월 29일 대전 한화전에서 6.0이닝 무실점으로 팀의 3연승을 이끌었다. 시즌 6승째를 거둔 그는 "포스트시즌에서는 어떤 역할을 맡아도 괜찮다. 그저 내게 주어진 상황에 맞게 최선을 다해 던질 것이다. 불펜으로 나가면 짧게 던지니까 정말 빠른 공을 한 번 던져보겠다. 타자 한 명만 상대하고 내려오더라도 눈앞의 상황에만 집중하겠다"며 "올해 내가 잘해서 우리 팀이 여기까지 온 게 아니다. 그저 끝까지 팀을 돕고 싶다"고 최선을 다하는 조연을 자처했다.

LG는 구단 역사 최다인 87승을 기록했다. 하지만 늘 LG 앞에 SSG가 있었다. SSG를 쫓으며 막판 뒤집기도 노렸으나 가장 먼저 결승점을 통과한 팀은 SSG였다. LG는 일찍이 2위를 확정 짓고 가을 야구를 준비했다.

뒤집는 시점을 페넌트레이스가 아닌 포스트시즌으로 봤다. 이를 위

Chapter 7
아버지

해 플레이오프 3선발 체제를 구성했다. 켈리-플럿코-김윤식으로 선발 투수 3명만 활용하고 임찬규와 이민호를 불펜에 대기시키는 변칙 기용을 꾀했다. 켈리가 1차전 등판 후 사흘만 쉬고 4차전에 나서는 것을 수용하면서 한국시리즈로 향하는 마스터 플랜을 완성했다.

그런데 2선발 플럿코가 탈이 났다. 정규시즌 막바지 어깨 담 증상으로 전열에서 이탈했던 플럿코는 플레이오프 2차전에서 1.2이닝 6실점(4자책)으로 조기 강판됐다. 1차전 승리로 기선제압에 성공한 LG는 믿었던 플럿코가 무너지면서 악몽과 마주했다. 3차전 김윤식이 안우진과 선발 대결에서 우위를 점했으나 불펜 붕괴로 역전패. 4차전에서는 켈리의 사흘 휴식 후 선발 등판 투혼에도 불구하고 고개 숙였다. 1승 후 3연패로 허망하게 시즌이 끝났다. 임찬규의 당해 포스트시즌 기록은 3차전 8회 말 등판, 1.0이닝 무실점이 전부였다.

암흑 같은 침묵에 휩싸였다. LG 구단 구성원 누구도 4차전 패배 후 입을 열지 못했다. 경기 종료 시점부터 숙소로 돌아가는 버스까지 침 삼키는 소리조차 들리지 않았다. 정말 너무나도 잔인했던 한 시즌의 마지막이었다.

2021~2022시즌 KBO 리그 개인 기록

시즌	평균자책점	경기	승	패	세이브	홀드	이닝	탈삼진	탈삼진
2021	3.87	17	1	8	0	0	90 2/3	67	1,446
2022	5.04	23	6	11	0	0	103 2/3	75	1,692

벼랑 끝에서 찾은 해답

야구
선수
**임
찬규**

174

Chapter 8
벼랑 끝에서
찾은 해답

　충격적인 실패 뒤에는 변화가 찾아오기 마련이다. 2022시즌이 끝난 시점에서 LG도 그랬다. 최소 한국시리즈에는 진출할 것으로 자신했으나 예상치 못한 '업셋 패배'를 당했다. 한국시리즈를 준비했던 SSG도 당연히 LG가 올라올 것으로 예상하고 훈련했다. 그 정도로 LG의 플레이오프 시리즈 패배는 이변이었다.
　늘 그랬듯 사령탑부터 바뀌었다. 지난 감독 선임 과정과 달리 구단주 라인에서 빠르게 결정이 이뤄졌다. 과거 넥센과 SK 지휘봉을 잡았던 염경엽 감독이 LG 핀스트라이프 유니폼을 입었다. 유니폼이 전혀 낯설지 않았다. 염 감독은 2008년부터 2011년까지 LG에 있었다. 스카우트부터 운영 팀장, 그리고 1군 수비 코치까지 LG에서 다양한 역할을 맡았다. 임찬규가 신인이었던 2011년을 함께 하기도 했다.
　임찬규도 구단처럼 중대한 결정을 앞두고 있었다. FA 자격 행사 여부를 두고 고민했다. 결론은 'FA 재수'였다.

　신청하지 않는 게 맞다고 결론 지었다. 2022시즌은 분명 실패한 시즌이었다. 그런 시즌을 보내고 FA를 신청할 수 없었다. 무엇보다 LG에서 아무것도 하지 못한 채 FA를 신청하는 것은 아니라고 봤다. 작년에 내가 못했기 때문에 우리 팀이 우승하지 못했다. LG에서 조금이라도 좋은 모습을 보여드리고 FA를 신청하는 게 맞다고 봤다.

　그렇게 LG에 남았다. 그리고 염경엽 감독과 캠프 전 면담 자리에서 굵직한 한마디를 들었다. 임찬규에게 더 이상 구속에 얽매이지 말고 장점을 극대화하는 피칭을 할 것을 주문한 염 감독이다.

　찬규에게 가장 강조했던 부분은 '스피드를 버려라'였다. '스피

드를 버려도 너는 장점이 충분히 많은 투수다. 유희관도 스피드 없이 잘 던지지 않았나. 최근의 너는 오직 스피드만 생각하면서 자신과의 싸움만 반복하고 있다'라고 했다.

　찬규 같은 스타일은 138km/h가 나오든 142km/h가 나오든 상관이 없다. 그냥 똑같이 싸우면 된다. 그래서 찬규에게 '어차피 너는 구속으로 싸우는 투수가 아닌, 구속의 차이로 싸우는 투수다. 138km/h가 나와도 체인지업과 커브가 좋으면 150km/h 효과가 난다. 138km/h 나왔다고 또 고민하고 힘들게 싸우지 마라'고 계속 말했다.

　숫자로도 증명이 됐다. 찬규는 체인지업과 커브의 헛스윙 확률이 30%가 넘는다. 좋을 때는 체인지업 헛스윙 확률이 35%도 훌쩍 넘어간다. 정말 좋은 변화구를 갖고 있다는 증거다. 그러면 이 구종을 살리는 방법을 찾으면 된다. 150km/h를 던져도 변화구가 좋지 않아 고전하는 투수가 정말 많지 않나. 찬규는 빠른 공이 없어도 잘 던질 수 있는 투수다.

　겨우내 감독 외에도 참 많은 게 바뀐 LG였다. 단짝 배터리 유강남이 롯데와 FA 계약을 맺고 떠났다. LG는 유강남을 대체하기 위해 또 다른 FA 포수 박동원을 영입했다.
　그렇게 새로 시작하는 분위기에서 캠프의 문이 열렸다. 늘 그랬듯 일찍이 따뜻한 곳을 찾아 컨디션을 끌어올렸다. 강민호, 오승환과 함께 일본 오키나와에서 미리 훈련에 임했다. 그곳에서 은사이자 멘토 박만채 휘문중 감독에게 조언도 얻었다. 박 감독의 조언은 임찬규가 생각한 장점 극대화에 큰 도움이 됐다.

Chapter 8
벼랑 끝에서
찾은 해답

찬규가 구속 향상을 생각하면서 투구 모션에 변화가 생겼다. 그때부터 멈춤 동작을 하더라. 밸런스를 잡아 놓은 후 힘을 한 번에 쏟는 느낌이 들었는데 개인적으로 그 동작이 찬규에게는 좋아 보이지 않았다.

찬규는 평소에도 연락을 하면서 조언을 구하곤 했다. 2023년 초에는 찬규가 우리 학교 선수들이 훈련하는 오키나와에 찾아와 직접 도움을 요청하더라. 그래서 찬규에게 '너는 리듬으로 던지는 투수다. 정말 좋은 리듬을 갖고 있는데 멈춤 동작이 리듬을 끊어버린다. 예전처럼 멈추지 않고 던져보자. 이왕 다시 예전처럼 하기로 한 거 제대로 해보자'고 조언을 전했다.

오키나와 일정을 마치고 LG 스프링캠프가 열리는 미국 애리조나로 향하니 새로운 도전과 마주했다. 지난 2년과 달리 다시 경쟁자 입장에서 캠프에 돌입했다. 켈리-플럿코-김윤식-이민호까지 4선발은 확정. 임찬규는 강효종, 김대현, 이지강 등과 5선발 한자리를 두고 경쟁에 돌입했다.

캠프 기간 임찬규는 이 상황을 각오한 듯 '백지'를 강조했다. 그는 "감독님과 면담을 통해 원래 내가 했던 투구로 돌아가기로 했다. 경기 내내 볼 배합과 타이밍에 변화를 주면서 터널링에 신경 쓰겠다. 구속과의 싸움은 그만 할 것"이라며 "목표는 없다. 솔직히 캠프 기간 목표를 말했다가 지킨 게 하나도 없다. 이제부터 그냥 하얀 도화지 위에 하나씩 채워가겠다. 선발이 되든, 중간이 되든 3월부터 하나씩 할 것이다. 그래서 '올해는 몇 이닝을 던지겠다', '올해는 몇 승을 하겠다'와 같은 목표는 없다. 어느 자리에서 던지든 차분히 단계를 밟아갈 것"이라고 밝혔다.

캠프가 끝나고 나온 경쟁 결과는 다소 충격이었다. 팀에서 가장 선발

야구
선수
**임
찬규**

등판 경험이 많은 임찬규가 로테이션에서 제외됐다. 임찬규 대신 강효종이 선발진에 들어가면서 LG는 10구단 중 가장 어린 토종 선발진을 이뤘다. 임찬규는 시범경기 내내 중간투수로 등판했다. 정확한 보직은 2이닝 이상을 던지는 롱릴리프였다.

어찌 보면 다시 바닥으로 떨어졌다. 야구가 마음대로 안 돼 방황했던 2012년과 2013년처럼 1군에서 한 번 길게 던지면 2군으로 내려갈지 모르는 기구한 역할이 주어졌다. 개막 후에도 임찬규는 네 차례 불펜에서 마운드에 올랐다. 롱릴리프 정의 그대로 4경기 중 3경기에서 2.0이닝 이상을 소화했다.

긴 시간이 필요하지는 않았다. 영건 선발 3인방이 오래 버티지 못했다. 이민호가 팔꿈치에 이상을 느꼈고 김윤식도 예상치 못한 구속 저하가 찾아왔다. 강효종도 과제인 제구를 해결하는 데 실패하면서 토종 선발 세 자리가 모두 구멍이 됐다.

예상하지 못한 일은 아니었다. 염 감독은 임찬규 외에도 이지강, 박명근을 롱릴리프로 대기시켰다. 애초에 젊은 선발 투수들을 상수로 평가하지 않았다. 선발진에서 흔들리는 투수가 나오면 롱릴리프로 대체하는 계획을 세웠다. 어찌 보면 인해전술 스타일로 선발진을 운영하기로 했다.

인해전술까지 필요하지는 않았다. 임찬규가 믿음직한 해답이 됐다. 4월 16일 두산전부터 로테이션에 합류한 임찬규는 투구 수를 늘리면서 마술쇼를 펼쳐 보였다.

두 번째 선발 등판이었던 4월 22일 대전 한화전에서 5.0이닝 무실점으로 시즌 첫 선발승을 올렸다. 캠프에 앞서 다짐한 게 고스란히 이뤄졌다. 염 감독이 강조한 체인지업이 춤을 추듯 움직이면서 한화 타자들의 스윙 궤적에서 도망갔다. 3회까지 노히트로 기선을 제압하며 투구를 마칠 때까지 우위를 점했다.

경기 후 임찬규는 "다음 공 하나만 생각했다. 몇 이닝 이상. 몇 실점 이하. 그런 것은 머릿속에서 지웠다. 다음에 던질 공만 집중하면서 던졌다"라며 "이전에는 캠프에서 패스트볼 구속만 신경 쓰면서 훈련했다. 올해는 감독님이 말씀하신 체인지업에 중점을 뒀다. 체인지업이 좋다 보니 상대 타자가 너무 체인지업만 예상하는 모습도 보이더라. 그러니 더 수월하게 경기를 운영할 수 있었다"고 이날 경기를 돌아봤다.

초심도 강조했다. 임찬규는 "캠프에서 말씀드린 것처럼 무언가를 의식하면 더 안 된다. 오늘도 그랬고 앞으로도 그럴 것이다. 늘 백지상태에서 하나씩 하겠다. 그러면 이렇게 좋은 결과도 나오는 게 아닐까. 솔직히 누가 오늘 내가 5이닝 무실점할 거로 생각했겠나. 나도 놀랐다"라고 여유로운 분위기 속에서 특유의 입담도 보였다.

역설적으로 마음을 비우니 속이 꽉 찬 투구가 이어졌다. 구속을 의식하지 않았는데 147km/h가 나왔다. 다음 등판에서 최고 구속이 143km/h가 나와도 개의치 않았다. 구속 욕심을 이미 지웠기 때문에 전광판에 찍히는 숫자에 전혀 의미를 부여하지 않았다.

5월 23일 문학 SSG전. 약 2년 전 아버지께 선물을 받은 그 장소에서 다시 빠른 공을 던졌지만 여전히 내려놓음을 강조했다. 6이닝 1실점으로 팀의 9-1 승리를 이끈 임찬규는 "그냥 밸런스가 좋았기 때문에 구속도 나왔다. 세게 던지려는 의도가 없었는데 이렇게 스피드가 찍히니 기분은 좋다. 그래도 나는 변화구를 잘 던지는 투수다. 빠른 공이 나오니 변화구가 더 잘 통한 것 같기는 하다"라고 덤덤히 호투 소감을 전했다.

그렇게 커리어하이 페이스를 만들었다. 5월에 등판한 4경기에서 4승 0패 평균자책점 1.13. 하이라이트는 5월 마지막 경기인 28일 광주 KIA전이었다. 이날 임찬규는 7.0이닝 무실점으로 '내려놓음'의 결과가 진정한 '진화'임을 보여줬다.

염 감독은 "찬규가 우리 팀 토종 1선발이다. 찬규는 이제 안정권에 들어왔다. 다시는 예전처럼 혼란에 빠지거나 큰 기복을 보이지 않을 것이다. 자신의 투구가 완전히 자리를 잡았다. 장담하는데 올해 무조건 10승 이상 한다. 13승도 가능하다. 시즌 후에 찬규가 FA가 되니까 단장님께서 머리가 아프실 수 있다. 그래도 찬규를 잡아주시지 않겠냐"고 흐뭇한 미소를 지었다.

우승의 꿈이 현실로 다가왔다. 임찬규가 선발진을, 포수 박동원이 타선을 이끈 LG는 5월 한 달 동안 16승 6패 1무의 고공행진을 펼치며 순위표 꼭대기에 섰다.

임찬규는 새로운 파트너가 된 박동원을 두고 "정말 냉정하다. 지금까지 호흡을 맞춘 포수 중에 가장 냉정하다고 할 수 있을 것 같다. MBTI로 구분하면 완전 대문자 'T'"라고 웃으면서 "그래서 동원이 형과 잘 맞는 것 같다. 내가 감정적으로 접근하면 바로 '그건 아니다'라며 잡아준다. 내가 타자 분석을 많이 하는 편이라 귀찮을 수도 있을 것 같은데 다 받아준다. 경기 전 밤에 카톡을 해도 다 받아주고 그러다가 둘이 전력 분석을 다 할 때도 있다"고 말했다.

박동원은 자신의 핸드폰에 카카오톡 메시지가 무한 반복되어 날아오는 것을 두고 "다음날 선발 투수는 일찍 집이나 숙소에 들어간다. 나는 경기를 하고 있는데 그 시간대에 찬규가 카톡을 보내곤 한다. 경기 끝나고 전화를 보면 찬규한테 카톡이 정말 많이 와 있다"라면서 "그만큼 찬규가 준비를 많이 한다. 자기 전에 들어온 카톡 확인하고 답장하다 보면 전력 분석이 끝날 때도 있었다"라고 웃었다.

LG는 6월 초 잠깐의 조정기를 겪었으나 6월 말부터 다시 무섭게 치고 나갔다. 주역은 또다시 임찬규였다. 6월 9일부터 27일까지 네 번의 선발 등판에서 모두 5.0이닝 이상을 던지며 3점 이하만 허용했다.

2022년에 이어 2023년도 전반기는 LG와 SSG의 2강 체제이자 양 팀의 선두 경쟁 흐름이었다. 6월 27일 임찬규는 문학 SSG전에서

Chapter 8
벼랑 끝에서
찾은 해답

6.0이닝 무실점으로 경기를 정복했다. LG는 14-0으로 SSG에 완승. 다시 선두에 오른 LG는 이후 본격적으로 선두 굳히기에 들어갔다. 6월까지 6승을 올린 임찬규의 평균자책점은 2.92. 사령탑의 말대로 10승 이상을 정조준했다.

LG는 21세기 들어 처음으로 전반기를 1위로 마쳤다. 백지에서 시작한 임찬규는 전반기를 마무리하며 자신만의 방향이 확실히 자리매김했음을 강조했다. 염경엽 감독과 박만채 감독의 조언에 따르면서, 그리고 '내려놓음'으로 심리적 안정을 이루면서 오히려 좋은 결과를 내고 있다고 돌아봤다.

감독님의 말씀이 옳았다. 어찌 보면 나보다 감독님이 나를 잘 알고 계셨던 것 같다. 롱릴리프로 시즌을 시작하면서 이렇게 좋은 결과가 나왔는데 내년에도 시작을 롱릴리프로 해야 하는 게 아닌가 싶다.

감독님이 강조하신 몸쪽 승부도 효과가 크다. 감독님께서 '너보다 더 공이 느린 유희관도 했던 몸쪽 승부를 너는 왜 안 하냐. 겁이 많거나, 자신이 없거나 둘 중 하나인 것 아니냐'고 하셨다. 감독님 말씀대로 몸쪽 승부를 하니 체인지업이 이전보다 훨씬 잘 통한다.

투구시 멈춤 동작은 왜 했었는지 모르겠다. 뭔가 잡아놓고 던지면 제구를 하기는 좋다는 느낌이 들기는 했다. 하지만 그만큼 체력 소모가 컸다. 멈추고 난 후에는 그냥 팔 힘으로 던지게 된다. 그래서 경기 중후반에 꼭 구속이 크게 떨어졌다. 멈추지 않고 그냥 던지니 체력도 유지되고 구속도 떨어지지 않는다. 훨씬 편하다. 4월에 KIA랑 할 때 확실히 느꼈고 이후 멈춤 동작은 버렸다.

　FA 생각은 여전히 없다. 감독님께서는 나를 토종 1선발, 팀 3선발이라고 해주셨는데 3선발이라는 마음도 없다. 후반기에는 동생들이 나를 밀어내고 나는 4, 5선발을 하고 싶다.

　괜히 자리를 지키려 하면 더 안 된다. 마음을 비우고 하는 게 얼마나 중요한지 이번에 알게 됐다. FA 생각을 하고 토종 1선발이라고 생각하면 다시 못했던 때의 모습으로 돌아갈 것 같다. 후반기에도 내려놓고 또 백지에서 시작하겠다.

　가볍게 마음을 비운 채 후반기에도 무한 질주했다. 7월 26일 다시 SSG를 상대로 호투하며 10승을 채웠고 이후 4승을 더했다. 페넌트레이스 우승 매직 넘버를 지워가는 막바지 정말 필요할 때 승리를 거뒀다. 9월 23일 잠실 한화전에서 8.0이닝 1실점으로 12승. 2012년 10월 2일 잠실 삼성전 이후 약 11년 만에 8이닝 투구를 달성했다.
　이로써 LG는 2위 KT를 6.5경기 차이로 멀리 따돌렸다. 정규시즌 종료까지 17경기가 남았으나 모두가 LG의 한국시리즈 직행을 기정사실로 여겼다. 예상대로 LG는 10월 3일 29년 만의 페넌트레이스 우승을 차지했다. 2위 팀 KT가 KIA에 지면서 LG의 우승 매직넘버가 소멸됐다.
　들뜨고 흥분할 수밖에 없는 분위기. 임찬규는 1위 확정 세리머니에도 차분함을 잃지 않았다. 그는 "결국 한국시리즈 우승까지 해야 할 것 같다. 개인적으로 규정 이닝도 채우고 싶고 그만큼 바로 다음 경기 준비를 잘해야 한다고 생각했다. 1위가 확정되면서 기분은 좋았지만 나도 모르게 묵묵해졌다"라고 1위가 확정된 순간을 설명했다.
　LG는 10월 4일 사직 롯데전이 끝난 후 우승 세리머니에 임했다. 임

Chapter 8
벼랑 끝에서
찾은 해답

찬규는 10월 5일 사직 롯데전에 선발 등판이 잡힌 만큼 샴페인 파티 중에도 루틴을 지켰다. 숙취를 멀리한 채 2023년의 LG 야구를 즐기고 있을 엘린이(LG 어린이팬)들에게 약속을 건넸다.

21년 전이다. 초등학교 3학년 때 TV로 봤던 한국시리즈 6차전이 지금도 생생히 기억난다. 그때 이상훈 코치님이 마운드로 뛰어 올라가시는 모습을 보고 '됐다. 우리가 이겼다'라고 생각했다. 그러다 동점 홈런을 맞는 순간 머리가 하얘졌다. 이후 최원호 감독님이 올라와 홈런을 맞는데 그 모습을 보고 많이 울었다. 정말 엄청 울었다. 그 상황이 지금도 기억난다. 막 울면서 학교 안 간다고 엄마한테 떼쓰다가 혼나기도 했다.

지금 엘린이들은 나처럼 되면 안 된다. 엘린이로 성장해서 야구 선수가 될 때까지 우승이 없는 팀은 좀 그렇지 않나. 이제부터는 LG가 1위도 많이 하고 우승도 하면서 반지 끼는 모습을 보여주고 싶다. 지금 엘린이들에게는 LG가 정말 좋은 팀으로 기억되기를 바란다.

세리머니 다음날 임찬규는 6.1이닝 1실점으로 시즌 13승을 기록했다. 염 감독이 예상한 승수를 채웠다. 열흘 후인 10월 15일 정규시즌 최종전인 잠실 두산전에도 선발 등판해 5.2이닝 1실점으로 규정이닝도 넘겼다. 1승을 더해 14승까지 도달했다. 시즌 출발선에서 롱릴리프였던 투수가 국내 투수 최다승을 올렸다.

염 감독도 투수조 조장의 성공적인 마라톤 완주에 박수를 보냈다. 그는 "찬규가 없었다면 우리는 4, 5위 경쟁을 했을 것이다. 전반기에 특히 그랬다. 시즌 초반에는 사실상 찬규와 플럿코 두 명으로 선발진을 돌렸다"라며 "시즌 내내 투수조 중심도 잘 잡아줬다. 젊은 투수들이 찬규를 잘 따른다. 찬규 같은 베테랑이 있어야 팀이 단단해진다"고 임찬규를 향해 엄지손가락을 세웠다.

염 감독의 말대로 마운드 위에서만 빛나지 않았다. 투수 이론에 있어 임찬규만큼 해박한 선수는 거의 없다고 봐도 과언이 아니다. LG 선수들은 임찬규가 야구를 연구하고 실행에 옮기는 과정을 지근거리에서 지켜봤다. 그러면서 자연스럽게 임찬규가 투수들의 고민 상담사 역할도 했다.

고우석은 자신의 포심 패스트볼을 극대화할 방법을 찾는 과정에서 임찬규에게 도움을 받았다. 고우석은 "하이 패스트볼과 터널링을 이루는 데 적합한 구종을 찬규 형에게 물어봤다. 그러니까 찬규 형이 컷패스트볼을 추천하시더라. 그렇게 두 번째 구종이 만들어질 수 있었다"라고 밝혔다.

당해 중간투수에서 선발 투수로 성공적으로 전환한 이정용은 임찬규를 "커브 선생님"이라고 불렀다.

이정용은 "선발이 된 만큼 확실히 타이밍을 빼앗을 수 있는 커브가 필요했다. 김광삼 코치님도 커브가 필요하다고 제안하셨다. 그래서 꾸준히 훈련했는데 잘 안되더라. 찬규 형에게 도움을 청했고 찬규 형이 캐치볼을 하면서 많이 도와주셨다. 사실 찬규 형 만나기 전에 던진 커브는 커브도 아니었다. 찬규 형이 그립과 던지는 느낌 등도 상세히 알려주셨다. 커브 선생님으로부터 도움을 확실히 받았다"라고 미소 지었다.

좀처럼 1군에서 기회를 받지 못하는 투수들에게도 용기를 줬다. 2022년 팔꿈치 인대접합 수술 후 2023년 후반기부터 실전에 돌입한 손주영은 "찬규 형이랑 캐치볼을 하는데 찬규 형이 내 공이 돌덩이 같다고 하더라. '너 될 것 같다'라고 하는데 용기 같은 게 생겼다. 수술하고 돌아와서 앞으로 잘 될 수 있을까 싶었던 시기였다. 찬규 형에게 참 고마

Chapter 8
벼랑 끝에서
찾은 해답

야구
선수
**임
찬규**

 웠다"라며 임찬규를 향한 고마움을 전했다.
 "너 될 것 같다"라는 얘기는 2012년 투수조 조장이었던 봉중근이 2년 차 신예 임찬규에게 체인지업을 가르치는 과정에서 나왔던 말이다. 이제는 임찬규가 그때의 봉중근처럼 자신의 노하우를 아낌없이 전수한다.
 잠실구장에서 정규시즌 우승 트로피를 들어 올린 LG는 약 20일 후에 열리는 한국시리즈를 준비했다. 임찬규는 일찍이 한국시리즈 3차전 선발로 낙점됐다. 21년 전 눈물을 흘리며 바라봤던 11월 마지막 승부 무대에 직접 오른다.
 당연히 중요한 경기였다. 과정을 돌아보면 더 그랬다. LG는 KT와 한국시리즈 1차전에서 2-3으로 졌다. 홈에서 열린 1차전을 내줬는데 2차전 반격에 성공했다. 1회 초 선발 투수 최원태가 무너지며 4점을 허용했으나 8회 말 박동원의 역전 2점 홈런으로 극적인 승리를 거뒀다.
 시리즈 전적 1승 1패. 누가 봐도 3차전이 한국시리즈 분수령이었다. 임찬규는 기온이 영하로 뚝 떨어진 한겨울 날씨에 칼바람을 맞으며 마운드에 섰다.
 1회 말 배정대에게 좌전 안타, 김상수에게 볼넷을 범해 시작부터 위기에 처했는데 영리하게 위기에서 벗어났다. 황재균을 체인지업 후 패스트볼 헛스윙 삼진. 박병호에게는 패스트볼 후 체인지업으로 유격수 땅볼 병살타를 유도했다. 2회 말도 무실점. 3-0으로 리드한 3회말 1점을 허용했으나 리드는 지켰다.
 그리고 4회 말 2사 1, 2루에서 투구를 마치며 김진성에게 마운드를 넘겼다. 전원 필승조를 구성한 LG 불펜이기에 2차전에서 그랬던 것처럼 언제든 불펜의 문을 열 수 있었다. 김진성이 임찬규의 주자를 묶으며 임찬규의 첫 한국시리즈 등판 성적은 3.1이닝 1실점이 됐다.
 사실 이때 임찬규의 투구를 기억하는 이는 많지 않다. 이후 소설로 써도 믿지 못할 일들이 연달아 나왔다. 5회 말 KT가 3점을 뽑아 역전하니

Chapter 8
벼랑 끝에서
찾은 해답

6회 초 LG가 박동원의 2점 홈런으로 다시 리드했다. 8회 말 황재균의 적시타 후 박병호의 2점 홈런으로 승부가 끝났다고 봤는데 9회 초 오지환이 결승 3점포를 쏘아 올렸다.

LG는 2, 3차전을 내리 극적으로 승리하면서 한국시리즈 흐름을 장악했다. 4차전에서 15-4 완승. 잠실로 돌아와 치른 5차전에서 6-2로 승리해 마침내 29년의 한을 풀었다. 우승이 확정되는 순간 임찬규는 자신도 모르게 눈물을 흘리며 동료들과 감격의 포옹을 나눴다.

3차전 내가 던졌던 장면들은 싹 사라졌다. 사실 나도 3차전 8회쯤 되니 내가 선발이었는지 기억이 안 나더라. 이미 나와 상대 선발 투수 벤자민 선수는 잊혀졌다. 정말 말도 안되는 경기를 했고 경기가 끝나고 팬분들께서 '그래도 찬규는 1실점 했으니 선방했다'라고 하시더라. 3.1이닝 던졌는데 선방했다고 해주셔서 팬분들께 정말 감사했다.

우승이 결정된 그 순간은 내가 봐도 신기하다. 눈물이 난다는 느낌이 전혀 없었는데 나중에 화면으로 보니 눈물을 흘리고 있더라. 그러면서 주위 선수들을 돌아보는데 지환이 형, 동환이 형 모습이 가장 먼저 들어왔다. 왜 그랬는지 생각해 봤는데 어릴 때, 암흑기 때 함께 한 선수들이 자연스럽게 먼저 보였던 것 같다. '강남이도 그렇고 오랫동안 함께 했던 선수들이 이제는 많이 없구나'라는 생각. '그래도 지금 이 선수들과도 이렇게 즐겁고 행복하게 우승했구나'라는 생각이 동시에 들었다.

행복으로 가득한 겨울을 맞이했다. 모든 미디어의 시선도 LG에 고정됐다. 1994년 이후 29년 만의 대업을 이뤘으니 당연한 일이었다. 방송

출연 요청이 끊이지 않았다. 감사한 일이지만 모든 요청에 응할 수는 없었다. 무엇보다 의도치 않게 성대가 크게 상해 수술이 불가피했다. 야구 선수가 성대 수술을 받는 매우 이례적인 케이스를 만들었다.

성대 수술로 일생일대의 계약을 체결해야 하는 상황에서 말을 할 수 없었다. 일 년 전 미뤘던 FA 자격을 행사한 임찬규는 에이전트에게 계약을 일임했다. "LG하고만 협상했으면 좋겠다. 다른 구단 창구는 닫아달라"고 당부하면서 시장에 나왔다.

냉정히 바라보면 시장에 나온 게 아니었다. 시장 논리가 적용되지 않았다. 경쟁이 붙어야 가치가 올라가는데 임찬규는 협상 테이블을 LG로 제한했다. 그 결과, 다시 보기 힘든 유형의 계약이 됐다. 4년 보장액 26억 원(계약금 6억 원, 4년 총연봉 20억 원)에 인센티브 24억 원. 총액은 50억 원이지만 이중 보장액은 절반 정도다. 나머지 절반을 채우려면 활약을 이어가야 한다. 협상 시작점부터 도장을 찍기까지 누가 봐도 구단 친화적인 FA 계약이었다.

FA를 신청하면서 에이전트도 당연히 시장에서 움직이려고 했다. 에이전트를 통해 LG 외에 구단들도 어느 정도 관심이 있다고 들었다. 바로 에이전트에게 '다른 구단하고는 창구를 닫아달라'고 얘기했다. 다른 구단이 내게 관심이 있다는 것을 LG 팬들이나 LG 구단이 아는 것을 원하지 않았다.

LG랑 타 구단 오퍼들을 다 본 다음에 'LG밖에 없었다'가 아니라, 아예 처음부터 LG하고만 협상하고 싶었다. 다 알아보고 LG에 남는 것은 팬들을 배신하는 것이라고 생각했다.

진심이었다. LG 팬들을 생각하지 않을 수 없었다. LG 팬분들은

Chapter 8
벼랑 끝에서
찾은 해답

Chapter 8
벼랑 끝에서 찾은 해답

내가 야구를 못할 때도 나를 놓지 않고 응원해주셨다. 다른 팀에 가면 그 분들을 떠나는 것 아닌가. '어떻게 고마운 분들을 떠날 수 있지?'라는 생각이 가장 먼저 들었다.

현실도 봤다. 혹시 다른 팀에 가서 더 받는다고 해도 얼마나 더 많이 받을까 싶더라. 나도 대충 FA 시장 상황을 안다. 솔직히 내가 80억 원, 100억 원을 받을 선수가 아니라는 것도 안다.

에이전트 입장에서는 많이 답답했을 것이다. 시작부터 단일 창구를 해버렸으니까. 대신 LG와 협상 분위기가 정말 좋았다. 구단 입장에서도 처음부터 남는다고 한 FA니까 예뻐 보였을 것이다. 구단주님과 단장님도 기분 좋게 협상해주시고 도와주셨다.

아버지께서 '돈을 쫓지 말고 낭만을 쫓으라'고 말씀하셨다. 엄마가 농담으로 '굳이 그렇게까지 쫓아갈 필요는 없다'고 하셨지만 아버지의 뜻을 따르기로 했고 그대로 따랐다. 솔직히 엄마는 계약 기간에 많이 궁금해하고 답답해하셨다. 그때 말도 제대로 못 했으니 더 답답하셨을 것이다. 그때마다 문자로 써서 보여드리곤 했다.

구단에서 처음에는 총액은 조금 적었지만 보장액은 더 큰 계약을 제안했다. 그 계약도 좋아 보였다. 그런데 자신이 있었다. 염경엽 감독님을 만나고 야구를 확실히 깨달았다고 생각했다. 계속 잘할 수 있다는 자신감이 생겼다. 그래서 구단에 총액을 늘리고 보장액을 줄이는 계약을 부탁드렸다. 구단에서 흔쾌히 허락해주셨다.

야구
선수
**임
찬규**

198

Chapter 8
벼랑 끝에서
찾은 해답

 물론 보장액도 크고 총액도 크면 더 좋다. 하지만 냉정히 바라봤을 때 나는 아직 상수가 아니다. 2023년 딱 일 년 좋은 모습 보여줬고 계속 이런 모습을 보여줄 수 있을지 다른 사람들은 알 수 없다. 그래도 나는 자신이 있으니까. 인센티브를 다 받을 수 있다고 생각했으니까 이렇게 계약을 맺었다.

 딱 일 년 전에는 그야말로 벼랑 끝이었다. 선발 투수 자리를 잃었기 때문에 FA 재수가 잘못된 선택이 될 수도 있었다. 하지만 그야말로 대반전을 이뤘다. 자기 자신의 야구를 확실히 깨달았고 꿈에 그리던 우승 주역이 됐다. 단순한 '원클럽맨'이 아닌 '프랜차이즈 스타'로 향하는 멋진 길이 열렸다.

2023시즌 KBO 리그 개인 기록

시즌	평균자책점	경기	승	패	세이브	홀드	이닝	탈삼진	탈삼진
2023	3.42	30	14	3	0	1	144 2/3	103	2,458

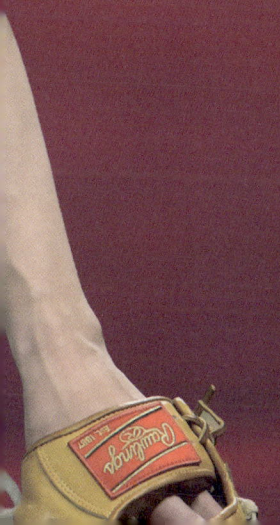

야구
선수
**임
찬
규**

　FA 계약 혹은 우승에 따른 나태함은 없었다. 계약 자체가 꾸준한 활약을 요구했기에 2024년에 대한 동기부여도 충분히 됐다. 또한 지난해 LG 마운드는 선발보다는 불펜의 활약이 컸던 것을 알기에 후배 선발 투수들과 절치부심하기로 각오를 다졌다.

　임찬규는 캠프로 향하면서 "지금까지 FA들을 보니까 FA는 첫해가 중요하더라. 보통 첫 시즌부터 잘하면 꾸준히 가는 것 같았다. 원태, 윤식이, 주영이 등과 함께 작년에는 우리가 불펜에 신세를 많이 졌으니까, 올해는 우리 선발 투수들이 더 잘하자고 했다"라며 "물론 목표를 정하는 실수는 안 할 것이다. 작년에 다짐한 것처럼 '몇 승', '몇 이닝'을 생각하는 게 아닌 다음에 던질 공 하나만 생각하겠다. 즉 다시 백지다. 작년에 안 된 부분들 돌아보고 보완하면서 2024년이라는 새로운 백지에 다시 그려보겠다"라고 말했다. 지침서라 할 수 있는 『9회말 2아웃에 시작하는 멘탈 게임』을 가방에 넣은 채 비행기에 올랐다.

　사령탑이 예상한 것처럼, 스스로 자신한 것처럼 커리어 안정기에 접어들었다. 자신의 것을 확립한 임찬규는 순조롭게 캠프를 치렀다. 더 이상 누구를 따라 하거나 누구를 쫓아가는 게 아닌, 자신의 몸을 알고 어느 시점에서 어떻게 준비하는 게 가장 좋은지 파악했다.

　둘도 없는 기회도 왔다. 개막을 앞둔 3월 18일. LG는 고척돔에서 메이저리그 샌디에이고 파드리스와 친선 경기에 임했다. 선발 투수로 등판해 1회 젠더 보가츠, 페르난도 타티스 주니어, 제이크 크로넨워스에게 결정구 체인지업을 던져 모두 삼진으로 돌려 세웠다. 2회 과거 많이 상대했던 김하성에게 2점 홈런을 맞았으나 실점은 그게 전부였다. 5.0이닝 4안타 1사사구 7삼진 2실점을 기록하며 값진 경험을 했다.

　메이저리그 팀과의 경기인 만큼 임찬규의 투구를 세밀하게 볼 수 있는 기회도 있었다. 최신식 기술을 통해 임찬규의 구종에 따른 릴리스 포인트와 회전율, 상하좌우 무브먼트가 실시간으로 전달됐다.

Chapter 9
YOU ARE THE NO.1
AND THE ONLY ONE

203

야구
선수
**임
찬
규**

204

　이를 통해 다시 확인할 수 있었던 것은 임찬규의 패스트볼의 회전수가 예상보다 높다는 것. 그리고 의도적으로 상대 타자가 커브를 던지는 것을 알아차리게 한다는 것이었다. 빌드업 과정임에도 패스트볼의 RPM이 2500 이상이 나왔다. 좋았을 때는 2600 이상도 나온다고 하니 변화구 뒤에 던지는 패스트볼의 위력이 상당할 수밖에 없다.

　그리고 유독 커브만 릴리스 포인트가 차이 났다. 다른 네 가지 구종은 거의 동일한 팔 높이에서 구사했는데 커브만 편차가 있었다. 커브를 던질 때 의도적으로 팔 높이를 높게 가져가면서 상대 타자를 의식하게 만든다. 하지만, 이 커브는 일반적으로 스트라이크존에 들어가는 게 아닌 홈플레이트에 떨어지는 커브, 즉 스윙 궤적에 닿지 않고 헛스윙을 유도하는 커브다.

　한두 번 부진해도 흔들리지 않았다. 임찬규는 물론 주위 사람들도 그렇게 느꼈다. 2024시즌 초반 썩 만족스럽지 않은 경기를 했지만, 5월에 다시 일어섰다. 2023년 5월처럼, 2024년 5월도 완벽에 가까웠다. 5월 마지막 등판 이후 부상으로 한 달가량을 빠진 게 2024시즌 옥에 티. 그러나 복귀 후에는 다시 정상궤도로 향했다.

　야구 역사상 가장 큰 변화 속에서도 동요는 없었다. 2024시즌 KBO는 세계 최초로 최상위 리그에 ABS(자동 볼-스트라이크 판정 시스템)을 도입했다. 볼-스트라이크 판정을 인간 심판이 아닌 기계에 맡겼다. 임찬규는 이에 대비한 듯 커브 구사율을 높였다. 캠프부터 높은 커브를 연마했다. 인간 심판이 놓쳤던 높은 변화구 스트라이크를 일찍이 구사하기로 마음먹었다.

　피치 클락(투수가 정해진 시간 내에 공을 던져야 하는 규정. 2024시즌 기준 유주자시 25초. 무주자시 20초)도 전혀 문제가 되지 않았다. 애초에 투구 템포가 빨랐기에 피치 클락으로 시간을 측정하면 늘 시간이 넉넉히 남았다.

Chapter 9
YOU ARE THE NO.1
AND THE ONLY ONE

시즌 중반에는 또 하나의 굵직한 변화가 있었다. 투수와 포수가 수신호로 사인을 교환하는 것이 아닌, 기계로 사인을 교환하는 피치컴이 도입됐다. 임찬규는 이 변화에 동참하지 않았다. 메이저리그를 보면서 피치컴의 장단점을 파악했고 피치컴이 없어도 전혀 지장이 없다고 봤다.

임찬규는 "미국에서 선수들이 피치컴을 사용하는 모습을 봤다. 투수들이 간혹 소리가 잘 들리지 않아 동작을 멈추고 글러브를 귀에 댄다. 그 순간 템포가 깨질 수 있다"라며 "나는 템포가 중요한 투수다. 내 템포로 던져야 한다. 템포가 빠른 편이니까 피치 클락은 문제가 안 된다. 피치컴은 내 템포를 지키기 위해 안 쓰는 게 맞다고 봤다"라고 설명했다.

애초에 사인 교환 시간이 길지 않다. 임찬규는 "어차피 경기 중에는 90% 이상 포수 사인대로 간다. 포수가 정말 자신이 없는 공을 요구하지 않으면 포수 사인을 따라간다. 야구가 많이 바뀌었는데 나는 그냥 예전처럼 할 것이다. 이게 더 편하다"라며 당찬 미소를 지었다.

임찬규의 결정은 적중했다. 메이저리그와 KBO리그 모두 꽤 자주 피치컴 오류가 발생한다. 기계가 고장날 때도 있고 관중석에서 울려 퍼지는 함성에 피치컴 소리가 들리지 않을 때도 있다. 임찬규-박동원 배터리에게는 그럴 일이 없다.

흔들림 없이 변화에 대처한 임찬규는 중요한 시즌 막바지에 특히 빛났다. 8월 15일 대전 한화전부터 정규시즌 마지막 등판이 된 9월 24일 문학 SSG전까지 7경기 동안 4승 1패 평균자책점 1.66으로 펄펄 날았다. 기록은 의식하지 않고 눈앞의 타자, 다음에 던질 공만 생각하면서 팀과 함께 웃었다.

이렇게 임찬규는 처음으로 2년 연속 두 자릿수 승을 올렸다. FA 계약 당시 "다른 사람의 눈에는 상수가 아닐 수 있지만 그렇게 할 수 있는 자신이 있다"라고 했던 다짐을 실천했다. 부상으로 결장한 한 달 때문에 규정이닝에는 10이닝이 부족했으나 WAR은 지난해 3.78보다 높은

Chapter 9
YOU ARE THE NO.1
AND THE ONLY ONE

4.46이었다. WAR만 보면 커리어하이 시즌 경신이었다.

임찬규가 2년 연속 선발진을 이끌었지만 LG는 목표였던 정규시즌 2연패를 이루지 못했다. KIA와 삼성에 이은 3위로 페넌트레이스를 마쳤다. 그렇다고 정상을 외면하지는 않았다. 준플레이오프와 플레이오프 시리즈를 모두 승리해 2년 연속 한국시리즈에 진출하는 것을 가을 무대 과제로 삼았다.

6년 연속 가을 야구. 임찬규에게는 5전 6기다. 기필코 될 것을 다짐했던 빅 게임 피처. 다시 이룰 수 있는 기회가 왔다. 그리고 이번에는 완벽하게 해냈다.

10월 6일 KT와 플레이오프 2차전. 임찬규는 5.1이닝 2실점(1자책)으로 1차전에서 패한 팀의 반격을 이끌었다. 엄상백과 선발 대결에서 완승을 거뒀고 LG는 7-2로 승리했다.

2019년 키움과 준플레이오프 4차전, 2021년 두산과 준플레이오프 3차전에서 겪은 일리미네이션 게임(지면 시즌 종료) 선발 등판 징크스도 시원하게 털어냈다.

10월 11일 플레이오프 최종전인 5차전에 선발 등판해 6.0이닝 실점으로 또다시 승리 투수가 됐다. 그렇게 자주 만난 KT임에도 타자들의 타석마다 다채로운 볼 배합을 선보이며 상대의 혼을 쏙 빼놓았다. 패스트볼의 구속이 146km/h까지 나오면 당연히 패스트볼을 던지고, 139km/h만 나와도 적극적으로 패스트볼을 던졌다.

속도보다 중요한 것은 정확도와 타이밍을 빼앗는 것임을 확신했다. 그러면서 자신의 투구 철학을 큰 무대에서 펼쳐 보였다. LG는 4-1로 준플레이오프 5차전을 승리하며 플레이오프 1, 2차전이 열리는 대구로 향했다. 임찬규는 준플레이오프 시리즈 MVP가 됐다.

그동안 가을 야구에서 왜 못했는지 생각했고 문제점도 찾았다.

야구
선수
**임
찬규**

결국 포스트시즌이나 정규시즌이나 같은 야구다. 다르다고 의식하는 순간 잡념 같은 게 들어가고 신경 쓸 필요가 없는 것도 신경 쓰게 된다. 그냥 정규시즌 할 때와 마찬가지로 오직 다음에 던질 공 하나만 생각하면서 던졌다.

경기 중 유일하게 귀를 열 때는 포수인 동원이 형이 얘기하거나 감독님 혹은 김광삼 코치님이 조언해주실 때뿐이다. 그 외에는 다음 공 하나와 마주한 타자, 혹은 주자만 신경 썼다. 정말 평소와 똑같이 했는데 이렇게 결과가 잘 나왔다.

지면 탈락하는 경기에서 못 해왔던 것도 알고 있다. 하지만 이 또한 경기가 끝나고 생각하기로 했다. 이번에 좋은 결과가 나왔는데 오랜 시간 기다려주신 팬들에게 감사하다.

야구
선수
**임
찬규**

　삼성과 플레이오프에서도 팀을 구원했다. 대구에서 1, 2차전을 모두 진 LG는 잠실로 돌아온 3차전에 임찬규를 내세웠다. 임찬규는 5.1이닝 무실점으로 준플레이오프보다 더 깔끔한 피칭을 했다. LG는 1-0으로 신승, 임찬규 덕분에 시즌을 연장했다.
　아쉽게도 1년 전과 같은 마지막 무대는 없었다. 4차전에서 LG는 0-1로 지면서 2024시즌과 이별했다. 야심 차게 2년 연속 우승을 가슴 속에 품었지만 2024년의 LG는 2023년 LG보다 부족한 점이 많았다. 특히 불펜진이 그랬다.
　임찬규는 2024년 가을 야구 세 경기 총합 16.2이닝 3실점(2자책)을 기록했다. 신기하게도 맞은 안타 중 장타는 하나도 없었다.

　중요한 경기에서 유독 많이 맞았다. 그만큼 실패도 했다. 몇 시간 동안 전력 분석하다가 불과 몇 분 만에 조기 강판된 적도 있다. 이제는 가을 야구를 하는 법을 알았다.

　사실 단순하다. '정말 한 점도 주면 안 된다'고 생각하는 순간 투수는 무너진다. 그냥 '줄 점수는 주자. 하지만 빅이닝은 주지 말자'고 생각하면 덜 실점한다. 늘 그렇지만 가을 야구에서는 특히 팀 승리가 중요하다. 즉 팀을 생각하면 된다. 한두 점은 허용해도 팀은 이길 수 있다. 가을에 특히 뜨거운 응원을 보내주시는 우리 팬분들을 믿고 눈앞에 타자만 보면서 집중하면 된다.

　루틴도 그렇더라. 예전에는 잘 던진 경기 전에 먹었던 것, 입었던 옷, 들었던 음악까지 다 생각하면서 똑같이 했다. 사실 경기와 전혀 관계가 없는 것들인데 여기에 얽매여서 좋을 게 하나도 없다는 생각이 들었다.

Chapter 9
YOU ARE THE NO.1
AND THE ONLY ONE

이제는 그냥 손이 가는 대로 한다. 먹는 거야 주로 건강한 한식을 먹지만 꼭 뭘 먹어야 한다고 생각하지는 않는다. 선발 등판 전 음악도 꼭 무엇을 들어야 하는 건 없다. 그때 듣고 싶은 것, 손이 가는 것을 듣는다. 장르도 다양하다. 예전 노래도 있고 힙합도 있고 여러 가지 그냥 나오는 대로 듣는 편이다.

심플하게 야구를 수용하면서 빅 게임 피처가 됐다. 이 모습을 지켜본 류중일 국가대표팀 감독은 대표팀에 급히 임찬규를 불렀다. 한국시리즈 종료 후 열린 국제대회 프리미어12 대표팀에 뽑힌 손주영과 원태인이 부상으로 불참하자 임찬규에게 도움을 청했다. 임찬규는 곧바로 이를 수락하며 대표팀도 구원했다.

10월 30일 대표팀 첫 훈련에 임한 임찬규는 "감독님의 요청을 듣고 정말 기분이 좋았다. 아무나 갈 수 없는 대표팀인데 직접 불러주신 것 아닌가. 원태인 선수와 손주영 선수의 부상은 안타까운 일이지만 대신 잘해보고 싶다는 생각이 들었다"며 "늦게 합류하게 됐어도 최대한 포스트시즌 때의 모습을 찾을 수 있게 노력하겠다. 나를 가장 잘 아는 포수인 동원이형과 대표팀에서도 배터리를 이루니까 든든하다"고 말했다.

이렇게 임찬규는 2018년 자카르타-팔렘방 아시안 게임 이후 7년 만에 다시 태극마크를 달았다. 프리미어12에서는 난적 도미니카에 맞서 선발 등판했다. 대표팀 준비 기간이 짧아 선발 등판 결과는 아쉬웠으나 팀은 승리했다.

임찬규는 "처음부터 대표팀 동료들과 함께했으면 하는 아쉬움이 컸다. 감각적으로 패스트볼과 커브는 괜찮았는데 체인지업이 안 올라왔다. 원래 체인지업이 감각을 찾기가 가장 어렵다. 체인지업을 제대로 쓰지 못하니 경기가 힘들게 흘러갔다"라며 "대표팀은 또 다른 무언가가 있다. 선수들과 훈련하고 대화하며 배우는 것도 많다. 다시 대표팀 기회가 올지는 모르겠다. 그래도 다시 기회가 온다면 그때는 정말 더 잘 준비해서 잘 해보고 싶다"라고 2023년만큼 길었던 2024년의 야구를 정리했다.

다시 새 시즌이 찾아왔다. 새로 시작하는만큼 2024년의 성공을 지웠다. 2025년도 역시 백지에서 시작했다. 물론 과정에 전력을 다했다. 2025시즌을 준비하면서 중점을 둔 것은 네 번째 구종인 슬라이더. 늘 던져왔던 구종이지만 때로는 2, 3번째 구종이 될 수 있게 연마했다.

2025년 첫 실전인 일본 오키나와 캠프 연습 경기부터 눈에 띄게 슬라이더의 구사율이 올라갔다. 단순히 시험 삼아 던지는 수준이 아닌 결정구로 사용해도 손색이 없을 정도의 무브먼트를 보였다.

담당 코치의 조언이기도 했다. 김광삼 투수 코치는 "2024시즌이 끝나고 찬규에게 다음 캠프에서는 130km/h대 공을 던졌으면 좋겠다고 했다. 140km/h대 패스트볼, 120km/h대 체인지업, 110km/h대 커브에 130km/h대 슬라이더가 들어가면 더 효율적인 투구를 할 수 있다고 봤다. 찬규가 정말로 겨우내 슬라이더를 잘 준비했더라"고 밝혔다.

김 코치는 익숙함의 함정도 경계했다. 그는 "아무리 좋은 구종이라고 해도 타자들은 면역성이 있다. 타자 입장에서는 계속 당하던 구종도 2, 3년 상대하면 익숙해진다"라며 "찬규도 이를 알고 있었던 것 같다. 사실 구종을 추가하는 게 말처럼 되는 일이 아니다. 겨울에도 성실하게 공을 놓지 않으면서 자기 관리를 해야 할 수 있다. 캠프에서 던지는 슬라이더를 보니 찬규가 또 좋은 시즌을 보낼 수 있겠다는 생각이 들었다"라고 전했다.

김 코치의 말대로 보통 투수의 유효 기간을 3년으로 본다. 아무리 잘하는 투수도 똑같은 구종, 똑같은 패턴으로 3년을 던지면 타자들에게 당할 수밖에 없다. 임찬규도 이를 모를 리 없다. 그래서 보다 다채롭게 타자를 상대하기 위해 포피치 진화를 바라봤다.

Chapter 9
YOU ARE THE NO.1
AND THE ONLY ONE

결과는 시작부터 찬란했다. 2025 정규시즌 첫 경기인 3월 26일 잠실 한화전. 첫 선발 등판이라 투구수가 제한된 상황에서 완봉승을 이뤘다. 프로 입단 15년 만에 처음으로 9이닝을 다 책임지면서 무실점. 정확히 공 100개로 팀을 승리하게 만들었다.

결과만큼 투구 내용도 환상적이었다. 겉보기에는 포피치인데 자세히 들여다보면 식스 혹은 세븐피치다. 커브와 체인지업, 패스트볼 모두 속도의 편차를 두고 던졌다. 타자가 커브를 노리는 스윙 궤적에 걸리지 않는 결정구 커브를. 타자가 체인지업을 노리면 홈플레이트로 뚝 떨어지는 체인지업을 던졌다.

여기에 늘 강조하는 터널링까지 더해져 조합은 무궁무진하다. 슬라이더를 우타자 바깥쪽은 물론, 스트라이크존 상단에도 던진다. 이로써 패스트볼과 슬라이더, 커브와 슬라이더가 터널링을 이룬다. 이날 한화전에서 강타자 채은성을 하이존 슬라이더로 땅볼 처리하며 새로운 무기를 펼쳐 보였다.

경기 막바지인 8회에는 혼을 쏙 빼놓았다. 아무도 예상하지 못한 오직 패스트볼 승부로 한화 타자들을 혼란에 빠뜨렸다. 타자 입장에서는 당연히 커브 혹은 체인지업이 들어올 것으로 봤는데 오직 패스트볼만 들어왔다. 변화구만 기다리는 타자들에게 고도의 심리전을 펼치며 삼자범퇴를 이뤘다.

박동원은 당시 순간을 두고 "찬규니까 할 수 있는 볼배합"이라고 웃으면서 "140km/h 패스트볼로 타자를 당황하게 만드는 건 찬규뿐일 것이다. 그만큼 타자들이 찬규와 상대하면 커브나 체인지업을 많이 예상한다. 주저하지 않고 패스트볼 사인을 내는 게 꽤 잘 통한다. 처음에는 내가 연속 패스트볼 사인을 내곤 했는데 이제는 찬규가 먼저 이를 원할 때도 있다"라고 설명했다.

9회초 마지막 타자인 플로리얼에게는 극단적으로 체인지업만 던졌

Chapter 9
YOU ARE THE NO.1
AND THE ONLY ONE

다. 플로리얼이 친 타구는 투수 땅볼이 됐고 그렇게 경기가 임찬규에서 시작해 임찬규로 끝났다. 2024년 한 번도 없었던 국내 투수 완봉승을 임찬규가 해냈다.

인생 버킷 리스트 하나를 채웠다. 임찬규는 "그날 컨디션이 특별히 좋은 느낌은 없었다. 사실 컨디션이 좋으면 오히려 안 될 때가 많다"라며 "물론 선발 투수니까 늘 긴 이닝을 던지고 싶고 가능하면 완투까지도 하고 싶다. 그래도 마음은 똑같았다. 다음 공 하나, 타자 한 명만 생각하면서 던졌다. 완봉승까지 도달하니까 정말 기뻤고 되게 뿌듯하더라. 첫 경기부터 잘 풀렸으니까 '올 시즌도 잘할 수 있겠다. 순항할 수 있겠다'는 희망이 생겼다"라고 돌아봤다.

이날 완봉승은 2025시즌 초반 LG의 거센 질주를 상징하는 장면이 됐다. 그리고 4월 10일 고척 키움전 4회말 임찬규가 기록한 역대 10번째 무결점 이닝(Immaculate Inning: 한 이닝 투구수 9개 3삼진)은 LG의 완벽한 전력을 증명했다. 임찬규를 중심으로 LG는 미친 듯 달렸다. 4월 초까지 독주 체제를 굳히면서 10승, 20승, 30승 선착을 이뤘다.

4월 중순부터 2주가량, 그리고 6월 한 달 동안 위기가 왔으나 임찬규는 굳건했다. 팀이 흔들리고 루징시리즈를 해도 임찬규는 무너지지 않았다. 6월 부진으로 1위 자리를 한화에 빼앗긴 LG는 후반기 시작부터 다시 크레이지 모드를 펼쳤다. 후반기 시작부터 8월 31일까지 28승 8패 1무로 리그를 정복했다. 40승과 50승 선착은 한화가 했지만 이후 60승, 70승, 80승 선착은 LG였다.

당연히 이 과정에서도 임찬규가 빛났다. 8월 17일 문학 SSG전에서 3년 연속 두 자릿수 승을 올렸다. 6월부터 7월까지 두 달간 아무리 호투해도 선발승이 따라오지 않는 불운도 경험했지만 이보다 더한 경험도 많이 했기에 흔들림은 없었다.

리더가 활약하면 팀 전체가 탄력을 받는다. "안타 맞아도, 볼넷 내줘

야구
선수
**임
찬규**

216

Chapter 9
YOU ARE THE NO.1
AND THE ONLY ONE

도 절대 고개 숙이지 말자. 규율은 철저히 지키되 마운드 위에서는 당당하게 던지자"라는 투수 조장 임찬규의 말 한마디에 LG 마운드는 점점 더 단단해졌다.

어쩔 수 없는 이별도 있었다. 부상과 부진으로 엘리에이저 에르난데스가 팀을 떠나게 됐다. 방출을 앞둔 에르난데스를 위로하면서 에르난데스가 끝까지 집중력을 유지하도록 도운 것도 투수 조장이었다.

임찬규는 "선발 투수들이 먼저 대구 원정을 가는데 이례적으로 통역원도 함께 가게 됐다. 보통은 선수들끼리 가는데 통역도 가는 것을 보고 내가 할 일이 있겠다 싶었다"라며 "대구로 가면서 에르난데스와 많은 대화를 나눴다. 열심히 준비했는데 결과가 나오지 않아 많이 힘들어하더라. 나도 그랬다. 2022년에 모든 것을 다했는데 안 됐다. 에르난데스에게 '야구가 끝나는 건 아니니까. 다른 곳에서도 야구는 할 수 있으니까 멈추지 말자. 계속 던지다 보면 더 좋은 기회가 생길 수 있다'라고 전했다"는 이야기를 밝혔다.

에르난데스는 방출 하루 전 삼성을 상대로 6.0이닝 1실점으로 활약했다. LG도 승리했다. 경기 후 에르난데스와 임찬규는 눈물의 포옹을 나눴다. 약 15년 전에는 베테랑 투수들을 졸졸 따라다니던 신예 투수가 선수단 전체를 아우르는 리더가 됐다.

재미있는 일화도 있었다. 경기 중간 김광삼 코치가 마운드에 오르면 이따금씩 임찬규와 박동원, 그리고 김 코치 셋이 해맑게 웃는 모습을 볼 수 있다. 김 코치는 이를 두고 "마운드에 가고 있으면 찬규가 입이 쭉 나와서 '이 바보 같은 놈! 거기서 왜 그걸 던져서 쳐맞냐'라고 자책한다. 그러면 동원이가 '그래 이 바보 같은 놈아, 왜 그걸 던졌냐!'고 하고, 나도 '맞아. 이 바보 같은 놈아, 왜 그랬어!'라고 보탠다. 사실 투수 코치가 마운드에 올라가서 할 수 있는 얘기가 별로 없다. 찬규 같은 베테랑에게는 특히 그렇다. 분위기를 환기하는 차원으로 올라가는데 찬규랑 동원이

야구
선수
**임
찬규**

는 이렇게 알아서 분위기를 잘 바꾼다"라고 털어놓았다.

임찬규는 국내 투수 중 평균자책점과 이닝, WAR에서 최상위권에 자리했다. 그렇게 3년 연속 커리어하이 새로고침을 이어갔고 이제는 LG 구단 역사에서도 높은 자리에 우뚝 섰다.

MBC 청룡 포함 LG 프랜차이즈 투수 다승 부문 3위(86승), 삼진 2위(1112개), 이닝 4위(1370.0)에 오른 임찬규다. WAR(23.09)은 3위. 선발 등판 횟수는 232회로 1위다. LG 유니폼을 입은 투수 중 '선발 투수'라는 네 글자가 가장 자연스럽게 붙게 된 임찬규다.

처음 LG에 입단했을 때 목표가 구단 통산 TOP5에 드는 기록을 남기는 것이었다. 그게 승리든 삼진이든 이닝이든 투수로서 좋은 기록 하나라도 구단 역대 TOP5에 들면 정말 기쁠 것 같았다. 어느덧 이렇게 많은 것을 이루니 신기하다.

솔직히 올해 성적은 내가 봐도 좀 놀랍다. 늘 내가 에이스라는 생각은 안 하고 시즌에 임하는데 기록을 보니까 에이스라고 안 할 수도 없을 것 같다. 일단 올해 우리 팀 구성이 정말 좋다. 야수는 말할 것도 없고 국내 선발진도 정말 이상적인 구성이다. 구위형 투수인 주영이가 있고 뒤에 계속 성장하는 승기도 있다. 내가 중간에서 잘 백업하면 되는 구성이다.

던지는 스타일이 바뀌면서 투수로서 추구하는 방향도 바뀌게 됐다. 이제는 내가 138km를 던져도 누구도 뭐라고 하지 않는다. 나도 구속을 신경 쓰지 않으니 참 편하다. 요즘 투수든 예전 투수든 구분하지 않고 투수들을 많이 보는 편인데 현재 내 롤모델은 손민한 선배님이다. 지금 내 유형과도 가장 맞지 않나 싶다. 손민

Chapter 9
YOU ARE THE NO.1
AND THE ONLY ONE

한 선배님처럼 편안한 느낌이 드는 투수가 됐으면 좋겠다.

계속 이렇게 좋은 시즌을 보내면서 하나씩 이루고 싶다. 당연히 우승도 또 하고 싶다. 한국시리즈에 오르면 2년 전에는 보여드리지 못한 편안하게 투구하는 모습도 보여드리고 싶다. 언젠가는 이룰 100승도 생각은 한다. 이게 다 명예고 행복이고 낭만이다. 경기에 들어가면 목표는 지워두고 다음에 던질 공 하나만 생각할 것이다. 그 뒤에 나오는 결과는 하나 하나 보너스라고 생각하면서 잘 쌓아가겠다.

2024~2025시즌 KBO 리그 개인 기록

시즌	평균자책점	경기	승	패	세이브	홀드	이닝	탈삼진	탈삼진
2024	3.83	25	10	6	0	1	134	136	2,225
2025	3.03	27	11	7	0	0	160 1/3	107	2,490

임찬규에 대한
야구인들의 이야기

"찬규와 경기하면 재미있다. 무엇보다 투수로서 기억력이 좋고 준비도 정말 잘 해온다. 이 타자와 이전 경기에서 어땠는지, 통산 성적은 어땠는지 다 알고 있다. 그러다 보니 사인을 내면서 자연스럽게 의사소통이 된다. 포수를 편하게 해주는 투수이기도 하다. 경기 중에 자신의 컨디션과 상황을 잘 파악한다. 객관화가 잘되어 있다고 할까. 예를 들면 '5회까지 1실점 정도로 갈 수 있다', '오늘은 6이닝 3실점으로만 막아도 정말 잘한 것'이라고 자신을 정확하게 판단한다. 나는 거기에 맞춰서 리드하면 되니까. 이런 점이 참 좋다."

- 박동원 LG 트윈스 포수

"찬규는 우리 데이터 분석팀의 선생님이다. 그만큼 분석력이 탁월하다. 어느 순간부터 타자의 의도를 알고 거기에 맞춰 대응하는데 이를 캐치하는 능력이 우리 분석원들보다 훨씬 빠르다. 그래서 평소에도 찬규에게 많이 물어보고 찬규와 대화를 많이 하는 편이다. 찬규가 자신의 생각을 우리에게 전달해 주는 게 큰 도움이 되고 소중한 정보가 될 때가 많다. 야구인으로서는 찬규가 나보다 후배일지 몰라도 나는 찬규가 내 스승이라고 본다. 그것도 정말 유능한 선생님이라고 생각한다.

- 노석기 LG 트윈스 데이터 분석 팀장

찬규의 투구를 보면 정말 그림을 그리는 것 같다. 거의 예술의 경지에 이르렀다고 해야 할까. '정말 타자를 데리고 노는 게 이런 거구나.', '이런 경지에 있는 투수를 두고 타자를 요리한다고 하는 거구나'라고 느낀다. 물론 아무리 잘 던지는 투수도 사람이니까 안타 맞고 홈런 맞는다. 그래도 지금의 찬규는 스스로 계산한 것에 80% 이상이 이뤄지면서 공을 던진다. 이천에서 훈련시킬 때에도 참 영리하고 던지는 감각도 뛰어나다는 생각을 했는데 지금 이렇게 좋은 투수가 됐다.

- 이상훈 MBC스포츠플러스 해설위원

찬규와 참 긴 시간을 함께했다. 찬규가 입단하고 몇 년 뒤에 많이 방황할 때는 '이러다가 5년도 못 가겠다'라는 걱정도 들었다. 사실 위기도 많았다. 구속을 잃어버렸을 때 특히 그랬다. 빠른 공을 던지다가 부상을 당하거나 나이를 먹으면서 속구를 잃어버리는 투수들이 많다. 그런 투수 대다수가 스피드를 잃었다는 것을 인정하지 못하다가 결국 사라진다. 피네스 피처로 전환하려 했다가 물흐르듯 사라지는 경우도 많다. 사실 피네스 피처가 되는 게 쉽지 않다. 노력하고 연구하고 대비하며 전환하지 않으면 절대 피네스 피처로 성공할 수 없다. 찬규는 위기와 마주할 때마다 마치 카멜레온처럼 잘 변했다. 어렸을 때는 너무 까불거리는 것 같아서 걱정도 좀 했다. 이게 결국에는 찬규의 좋은 성향이자 장점이 됐다. 늘 긍정적으로 야구를 대했고 어느 순간부터는 절대 만족하지 않으면서 영리하게 자신을 향상시켰다. 냉정하게 끌어줄 수 있는 박동원과 만난 것도 찬규에게 큰 도움이 됐다고 본다. 요즘에는 내가 찬규를 통해서 많이 배운다. 어떻게 이렇게 타자를 잘 파악하는지, 어떻게 여기서 이렇게 잘 대처하는지 놀랄 때가 많다.

- 김광삼 LG 트윈스 투수 코치

이제는 제자인 찬규가 스승인 나보다 훨씬 대단한 사람이 됐다. 솔직히 FA 계약을 하는 시점부터 찬규가 잘될 거라는 확신이 생겼다. 늘 긍정적인 마인드를 갖고 있는 친구인데 안정감까지 더해졌더라. 요즘도 가끔 만나거나 통화를 하는데 그럴 때마다 더 목소리가 좋고 심리적으로 안정도 됐더라. 이제 나랑 한 약속만 지키면 된다. 찬규가 예전부터 FA 계약하면 꼭 차 한 대 선물한다고 했다. 기다리고 있겠다.

- 박만채 휘문중학교 감독

최근 몇 년 동안 찬규의 야구를 보고 있으면 참 기분이 좋다. 체인지업을 가르쳐 달라고 했던 게 어제 일 같은데 체인지업을 자유롭게 던지는 걸 보면 참 흐뭇하기도 하다. 보고 있으면 '정말 타자 머릿속에 들어가 있는 건가' 싶을 정도로 깜짝깜짝 놀라기도 한다. 그만큼 퀄리티가 높은 야구를 하고 있다. 신인 임찬규를 보고 대단한 선수가 되겠다고 생각은 했는데 정말로 대단한 선수가 됐다.

- 봉중근 IMG 아카데미 투수코치

참 영리한 친구다. 게다가 붙임성도 좋아서 겨울마다 선배들 따라서 훈련하고 선배들이 가진 것을 하나하나 가져오기도 한다. 그렇게 매년 경험이 쌓이면서 지금은 어느 상황에서 무엇을 해야 하는지 확실히 정립된 것 같다. 훈련이면 훈련, 실전이면 실전, 이제는 체계가 확실하게 잡혔다. 아마 몇 년 동안 국내 투수 중 외국인 타자에 가장 강한 투수가 임찬규일 것이다. 그만큼 처음 본 상대도 파악을 잘한다. 최근 우리 팀이 선전하는 데 있어서 찬규의 역할이 정말 크다. 트레이닝 코치로서도 정말 고마운 부분이 많다. 찬규가 솔선수범해서 훈련하니까 동생들이 자연스럽게 따라온다. 루틴의 중요성을 잘 아니까 월요일에도 와서 항상 훈련한다. 다리가 가늘어서 힘이 없어 보일 수 있으나 그렇지 않다. 웬만한 젊은 선수들보다 하체 트레이닝을 할 때 중량도 높다. 기본적으로 운동 신경이 좋은 데 운동도 열심히 해서 이렇게 꾸준히 잘하고 있다.

- 김용일 LG 트윈스 수석 트레이닝 코치

지금까지 참 많은 선수를 보고 스카우트도 했다. 시작이 봉중근, 안치용 선수였으니까 이제 보니 꽤 많은 시간이 지났다. 그래도 수많은 선수들 중에서 잊을 수 없는 선수가 임찬규다. 최근에 특히 더 그렇다. 고등학생들도 150km/h를 훌쩍 넘기는 강속구의 시대인데 찬규는 완전히 다른 방향으로 이렇게 잘하고 있다. 완급조절과 기교에 있어서는 최고가 아닌가 싶다. 찬규가 던지는 모습을 보면 타자가 무슨 공이 오는지 몰라도 못 치고, 알아도 못 친다. 찬규 지명을 주장했던 스카우트로서 그런 모습을 볼 때마다 정말 기쁘다.

- 정성주 LG 트윈스 스카우트팀 책임

일단 투수조 조장으로서 정말 잘해주고 있다. 성격 자체가 워낙 좋지 않나. 조장이면 자기가 못해도 웃을 수 있어야 한다. 그리고 어린 선수들을 적극적으로 케어해줘야 한다. 찬규는 이 두 가지를 정말 잘한다. 그래서 그런지 찬규가 투수조 조장을 맡고 나서 항상 투수들 분위기가 밝다. 단장으로서 늘 고마움을 느낀다. 투수로서 임찬규는 정말 그렇게 많이 맞더니 이렇게 잘하는구나 싶다. 많이 깨지다 보니 자신만의 방법으로 완급조절을 하고 타자들을 파훼하고 참 대단한 야구를 한다. 나도 많이 맞았지만 그냥 맞기만 했지, 찬규처럼 그걸 바탕으로 더 잘하지는 못했다.

- 차명석 LG 트윈스 단장

이제는 정말 다른 투수가 된 찬규다. 늘 10승 이상을 보장하는 투수가 됐다. 감독 입장에서 고마울 수밖에 없다. 사실 아무리 얘기를 해도 소화하지 못하는 선수가 많다. 혹은 네 소신껏 마음대로 해보라고 해도 그걸 전혀 못 하는 선수도 많다. 찬규는 귀가 열려 있으면서 소신도 있다. 그래서 이렇게 야구를 잘하는 것 같다. 최근 3년 우리 국내 에이스 아닌가. 앞으로도 계속 이렇게 잘 던져주는 모습을 기대한다.

- 염경엽 LG 트윈스 감독

야구
선수
임
찬규

초판 1쇄 펴낸 날 | 2025년 10월 17일

지은이 | 임찬규, 윤세호
펴낸이 | 홍정우
펴낸곳 | 브레인스토어

책임편집 | 김다니엘
편집진행 | 김진호, 정채현, 박혜림
디자인 | 이예슬
마케팅 | 방경희
사진 | LG 트윈스, 김상익, PLANAR, 임찬규, 윤세호

주소 | (03908) 서울시 마포구 월드컵북로 375, DMC이안상암1단지 2303호
전화 | (02)3275-2915~7
팩스 | (02)3275-2918
이메일 | brainstore@publishing.by-works.com
블로그 | http://blog.naver.com/brain_store
인스타그램 | https://instagram.com/brainstore_publishing

등록 | 2007년 11월 30일(제313-2007-000238호)

© 브레인스토어, 임찬규, 윤세호, 2025
ISBN 979-11-6978-062-9 (03810)

* 이 책은 저작권법에 따라 보호받는 저작물이므로 무단전재와 무단복제를 금하며, 이 책 내용의 전부 또는 일부를 이용하려면 반드시 저작권자와 브레인스토어의 서면 동의를 받아야 합니다.
* 잘못 만들어진 책은 구입하신 서점에서 교환하실 수 있습니다.
* 독자의 부주의로 훼손된 도서나 필요 이상의 물리적인 힘이 가해져 파손된 도서는 교환, 환불이 불가합니다.